Dieses Buch ist meinen Lehrern

gewidmet!

Herzlichen und aufrichtigen Dank!!

Den positiven und erfreulichen, genau wie denen unter denen ich zu leiden hatte und die es mir schwer machten!

Ohne euch – wäre ich niemals dort angekommen!!

"Bildung muss nicht unbedingt zu Weisheit führen."

Dieses Zitat des alten taoistischen Gelehrten Dschuang Dsi hat sicher viel Wahres. Die Bildung schafft Wissen und verknüpft dieses und sie nährt unseren mentalen Geist. Sie führt noch nicht zur Weisheit. Doch wenn wir es zulassen, führt sie uns in die Erfahrung. Und aus der Erfahrung kann Weisheit entstehen.

www.tredition.de

© 2018 Sabine Pitschula

Verlag und Druck: tredition GmbH, Hamburg

ISBN
Paperback: 978-3-7469-1641-5
Hardcover: 978-3-7469-1642-2
e-Book: 978-3-7469-1643-9

Sabine Pitschula

HeilYoga im Jahreskreis!

Mit Yoga achtsam durch das Jahr – ein Arbeitsbuch für Yogalehrer und Yogis

Ein Arbeitsbuch für Yogalehrer und Yogis

Inhalt

"Nicht der Mensch soll sich dem Yoga anpassen, Yoga muss sich dem Menschen anpassen."
T. Krishnamacharya

VORWORT

Ich schreibe dieses Buch, obgleich ich durch meine Kongenitale Myasthenie, eine angeborene und genetische Erkrankung zu den „gehandicapten" oder „behinderten" Menschen gehöre.

Ich habe durch meine Behinderung oft eine Sehstörung und es ist schwierig für mich Tasten zu finden. Mein Leben lang hatte ich starke Probleme beim „Sitzen". Einfaches längeres „Sitzen" überfordert meine Muskulatur so, dass ich zusammensacke und die Feinmotorik beeinträchtigt wird. In der Schule wurde ich für eine schlechte Haltung oder für eine „Sauklaue" abgestraft. Aufgrund von Atemstörungen durch geschwächte Atemmuskeln und nächtlicher Apnoe, ist oft eine schlimme Tagesmüdigkeit mit zahlreichen Konzentrationsmängeln und Wortfindungsstörungen und dem Schreiben wie ein Legastheniker zu verzeichnen.

Dafür wurde ich mein Leben lang abgestraft und kritisiert und es stand mir sehr im Weg bei der „Teilhabe" am Leben und in der Gesellschaft.

Auch beim Schreiben des Buches trat hervor, das orthographische Mängel und sprachliche Fehlleistungen vorhanden sind.

Ich habe allerdings davon abgesehen, das Buch durch einen Lektor zu verfälschen, weil meine Botschaft, sowohl die durch mein Wirken als Yogalehrerin als auch die durch das Schreiben so authentisch und unverfälscht wie möglich sein soll.

Ich passe mich weder äußerlich der „schönen" und oft „halberleuchteten" Yoga Welt an, noch möchte ich sprachlich mein Buch in andre Hände weiter geben um das zu „frisieren" was ich vermeintlich nicht kann.

Ich bin eher der Ansicht, das die Welt mehr Menschen braucht, die sich trauen, trotz Behinderung oder Krankheit – sich echt und unverfälscht- zu zeigen.

Ich habe mich mein Leben lang mit Schamgefühlen und Schuldgefühlen geplagt, weil ich „anders" war als die Masse und weil ich manches nicht konnte und dafür ausgelacht, kritisiert oder verschmäht wurde.

Ich bin darüber hinweg und wenn beim Lesen des Buches der Finger juckt....

Zögert nicht den Rotstift auszupacken und wie ein Lehrer einen Aufsatz zu korrigieren.

Eine andere Alternative, wäre, das formale auszublenden und sich den Inhalten zuzuwenden.

Wahrnehmen ohne zu Bewerten – Sein lassen....

Für welchen Weg ihr euch entscheidet, viel Freude beim Buch und mit dem Buch. Wer im Frankfurter Raum lebt, darf gern Kontakt aufnehmen und mich in Echt erleben. HeilYoga ohne Schmincke und alberne „yogische" Verdrängung oder „halberleuchtete Esoterik" – einfach als Mensch mit Narben, Behinderungen und Macken, anderen Menschen zugewandt und mit Humor und Liebe das Leben tragend!!!

ACHTSAMKEIT

Mit inneren Bildern und Achtsamkeit kann man Ressourcen aufbauen, die psychisch sehr wohltuend und stärkend sind.

Die Erfahrung einer „Selbstermächtigung" schaffen und damit widerstandsfähig gegen Stress, Anfeindungen und Belastungen des täglichen Lebens sind.

Was genau ist nun aber „Achtsamkeit"?

„...Eine Form der Aufmerksamkeit im Zusammenhang mit einem besonderen Wahrnehmungs- und Bewusstseinszustand verstanden werden, als spezielle Persönlichkeitseigenschaft sowie als Methode zur Verminderung von Leiden. Historisch betrachtet ist „Achtsamkeit" vor allem in der buddhistischen Lehre und Meditationspraxis zu finden. Im westlichen Kulturkreis ist das Üben von „Achtsamkeit" insbesondere durch den Einsatz im Rahmen verschiedener Psychotherapiemethoden bekannt geworden." (Wikipedia)

Vergleicht man nun die verschiedenen Schulen und Lehren miteinander kann man als gemeinsamen Nenner heraus Stellen, das es immer um folgende drei wesentliche Schritte geht:

-Konzentration auf den gegenwärtigen Moment, den Körper oder Gefühle/ Geist oder bestimmte Objekte.

- offene Weite im Geist,

-die ohne Bewertungen ist

Dadurch stellt sich eine „hellwache Offenheit für die Fülle der Wahrnehmung" ein.

Dadurch kann man Fixierungen loslassen und andere Perspektiven einnehmen oder neues entdecken was vorher aufgrund eines „Tunnelblickes" nicht wahrnehmbar war. Es ermöglicht auch trotz bestehender Schmerzen plötzlich zu entdecken, das es Bereiche im Körper gibt, die völlig schmerzfrei sind und sich verstärkt auf diese Ressourcen zu konzentrieren, dadurch verlieren die „dysfunktionalen Bereiche" manchmal ihre Bedrohlichkeit. Nach längerer Übung, kommt man in einen Zustand der „Selbst Ermächtigung" der es ermöglicht, die eigene Macht, auch in ohnmächtigen Situation zu erkennen und danach zu handeln, dies resultiert in seelischer Ausgeglichenheit und besserer Gesundheit. Im Buddhismus und in yogischen Schriften wird das als Verminderung des Leides umschrieben.

Wege zur Ruhe

Innerer zusätzlicher Stress entsteht durch fehlerhafte Bewertungen

Bewertungsfallen

absolute Erwartungen („ich muss alles 100%ig machen") – z.b. alle Anforderungen der Ärzte erfüllen oder Ernährungsregeln befolgen.

niedrige Frustrationstoleranz („das halte ich nicht aus"), durch dauerhafte Schmerzen oder wiederkehrende, invasive Untersuchungen oder Hospitalisation.

Katastrophendenken („das ist ja grauenvoll"), verstärkt Ängste und Ohnmacht, die durch eine Krankheit sowieso sehr präsent sind.

globale negative Selbstbewertung („ich bin ein Nichts"), durch Verluste die durch die Erkrankung erforderlich wurden so z.b. Arbeit und Status oder Freunde und Hobbys.

globale negative Fremdbewertung („der/ die taugt nichts"), bzw. soziale Ängste davor, daß zwangsläufig aufgrund einer Erkrankung die Umwelt diese Entwertungen vornimmt

schwer erfüllbare Erwartungen an sich oder Andere, weil z.b. von Ärzten oder Therapeuten mehr erwartet wird, als möglich ist oder weil man weiterhin arbeiten muss bzw. von der Umwelt kompetenter gewertet wird als man es tatsächlich ist.

Mögliche Gefühle/Gedanken als Folge irrationaler Bewertungen

Selbstzweifel
Angst / Unbehagen
Feindseligkeit/ Wut
Wehleidigkeit
Niedergeschlagenheit/ Depression
Schuldgefühle

Möglichkeiten die (irrationalen) Bewertungen zu hinterfragen:

Warum muss/ soll/en ich/ andere ?
Hilft mir meine Bewertung, mich so zu fühlen
und zu verhalten, wie ich gerne   möchte?
Was würde ich einem Freund raten,
der das gleiche Problem hat?
Kann ich auf Dauer den hohen Erwartungen/
Anforderungen entsprechen?
Was macht mich zum „Übermenschen"?
Was könnte im schlimmsten Fall geschehen?
Wer hat etwas davon wenn ich mich hinreißen
lasse über meine Grenzen zu gehen.
Was sind meine Ziele und kann ich die in Einklang bringen?
Welche „inneren Antreiber" treiben mich,
gegen meinen Körper oder meine Überzeugung zu handeln?
Was ist „JETZT" genau in diesem Moment eine sinnvolle
Handlung?

Vor allem aber!!
S T O P !!!

Veränderung der negativen Selbstaussagen in positive und förderliche Selbstgespräche:

Negative Selbstaussage   / Positive Selbstaussage
1. Vor der Stresssituation
„Das wird schief gehen ..."/„Ich gebe mein Bestes!!"
„Ich weiß nicht, wie ich das schaffen soll ..." /Ich mache einen Plan und teile meine Kraft ein."
„Das kann ich nie ..." / „Ich mache den ersten Teil meines Planes und dann Schritt für Schritt weiter."
„Du liebe Zeit, was da wieder auf mich zukommt ..." / „Ich freue mich drauf und lerne draus!"

2. In der Stresssituation
„Ich werde schon wieder nervös ..." /„Nur ruhig, entspann Dich ..."

„Mein Herz rast ...“ / „Bleib ruhig ...“
„Die Angst wird mich überwältigen ...“ /
„Ich kann Erregung nicht verhindern, aber steuern ...“
„Streng dich einfach noch mehr an!!“/„Ich darf
alles in meinem Tempo und mit meiner Kraft erledigen!“

3. Nach der Stresssituation

„Ich habe versagt ...“ / „Es war besser als ich

gedacht habe ...“

„Ich möchte es so gerne allen Recht machen“ /

„Meine Bedürfnisse sind genauso wichtig wie die der

Anderen.“

„wie mache ich das wieder gut?“
„Ich bin unsicher ...“ / „Ich habe aus der Situation
gelernt, und werde dies in Zukunft beachten!“

YOGANIDRA ALS METHODE DES STRESSMANAGE-MENTS

"Nicht der Mensch soll sich dem Yoga anpassen, der Yoga muss sich dem Menschen anpassen." (T. Krishnamacharya).
„Das Wort Nidra kommt aus dem Sanskrit und bedeutet „Schlaf“ oder„Nicht-Bewusstheit“. Yoga Nidra ist eine Übung der Tiefenent spannung, deren Wirkungen über die gewohnte Vorstellung von Ent spannung hinausgehen soll. Es handelt sich um eine Art psychischen Schlaf, in dem körperliche, geistige und seelische Aktivitäten zur Ruhe kommen sollen. Es ist mehr als eine Entspannungsübung. Es soll dem Körper Frische bringen und das Gehirn in einen Zustand vollbewusster Ruhe bringen. Yoga Nidra wird auch als Zustand der Glückseligkeit be zeichnet.
Yoga Nidra ist ein Weg zur Bewusstwerdung des Selbst, der Körper, Seele und Geist verbindet und zu bewusstseinstranszendenten Erleb nissen führen kann. Yoga Nidra kann von jeder Person praktiziert wer

den. Es ist eine Entspannungstechnik und enthält keine Körperübugen. Durch die Tiefenentspannung sollen nicht nur allgemeine Leiden wie Stress und Nervosität abgebaut werden können, sondern die im Unbe wussten liegenden Kräfte könnten ins Bewusstsein gehoben werden." (Wikipedia)

Der Ablauf einer solchen Yoga Sequenz ist folgendermaßen gestaltet.

1. Kurze Versenkung und Leitsatz bzw. Imagination der Stunde, sowie Aufgreifen des Symbols/Archetyps der Stunde.
2. Pranayama
3. 3-8 Asanas passend zum Stundenthema und währendessen, Aufgreifen des Leitsazes bzw. der Imagination.
4. Savasana ; Yoga Nidra; Rückführung aus der Tiefenentspannung und kleine Energieübung.

Die Asanas können sowohl rein in der Imagination, liegend im Bett oder sitzend auf dem Stuhl bzw. mit Hilfsmitteln ausgeführt werden. Es kommt nicht auf Perfektion an, sondern darauf mit Hilfe des Leitsatzes bzw. der Autosuggestion in Verbindung der Imagination und Ansteuerung der Muskeln, die Wirkung auf die Spiegelneurone und dadurch auf das Nervensystem und die Muskulatur zu erreichen.

Embodiment/Spiegelneurone

Auf neuronaler Ebene kommt die bloße Vorstellung einer Bewegung oder Situation, der tatsächlichen Ausführung gleich.

Dieses Faktum nutzen schon neurologische REHA-Kliniken für Patienten, die noch überhaupt nicht in der Lage sind, sich tatsächlich zu bewegen.

Nutze dieses Prinzip,. Nutze alle Sinne und fühle "wirklich" die Anstrengung, die Wärme im Körper, wie der Atem schneller wird, wie der Schweiß läuft.

Imaginatives Üben nutzt deine Spiegelneuronen. Das bestätigt eine spannende Studie von G. Yue & K.J. Cole aus dem Jahre 1992 (!): Sie ließen eine Gruppe Menschen Krafttraining üben, die andere Gruppe übte nur in der Fantasie, aber: genauso lange und häufig, wie die "real" Übenden. Am Ende hatten die Menschen, die imaginativ geübt hatten, nur 8% weniger Muskelzuwachs, als diejenigen, die tatsächlich Eisen gestemmt hatten ("Strength increases from the motor program: comparison of training with maximal voluntary and imagined muscle contractions" Journal of Neurophysiology 1992 May;67(5):1114-23).

Diese Erkenntnis ist faszinierend.

Durch innere Bilder, und die Vorstellung, bis hin zur „mentalen Einbildung" wirklich „Sinnesreize" zu erleben, kann man also erhebliche Veränderungen erreichen.
Im Sport wird das als „mentales Training" schon Jahrzehnte praktiziert.
Die Berater und Coaching Szene hat es in den letzten Jahren für sich entdeckt und trägt dem Rechnung indem „Visualisiert" wird, was das Zeug hält.

Eine Möglichkeit ist das schriftliche fixieren, Verträge mit sich machen, Plakate gestalten oder Wunsch- Kollagen zu erstellen, damit die Dinge die man erstrebt und wünscht einen Weg finden realisiert zu werden. Innere Bilder sind also heilsame Quellen und dienen dazu, Abstand von vielen Ärgernissen und Ohnmachtssituationen zu gewinnen.

In der eigenen Phantasie und in den eignen inneren Bildern, kann man unversehrt sein, maßlos in den eigenen Wünschen werden, Grenzen überwinden.

Ein wichtiges Prinzip der Pilates Methode ist das Prinzip der „Imagination", d.h. das Training nach der Pilates Methode nutzt durch präzise Anweisungen des Trainers und das Zusammenspiel von Atmung und Bewegung sowie Bilder die verinnerlicht werden, dieses Imaginationsprinzip. Im Yoga wird dieses Prinzip im Yoga Nidra verinnerlicht. Dadurch verändert sich das Körperbild und die Körperwahrnehmung, so dass Blockaden gelöst werden und Bewegung wieder fließend und ökonomisch werden kann.

Durch das ritualisiert aufgebaute „Setting" stellt sich eine Konditionieren ein, so dass sich zumeist nach einigen Vorübungen, bereits bei den anfänglichen Atemübungen tiefe Ruhe und Entspannung ausbreitet.

Atmung, innere Bilder und sanftes Dehnen oder Strecken, bzw. zu Hilfenahme von Igelbällen oder Tennis Bällen kann sogar Schmerzen reduzieren.

Als Einstieg wähle ich Bilder aus der Natur, Archetypen der Seele, die die meisten Menschen mit angenehmen Situationen verbinden. Der Weg, der Berg, der Park, die Blume, der Bach oder die Waldwiese und der Meeressaum leiten in die Tiefen des eigenen Selbst. Verbunden mit dem Jahresverlauf kann dann, der Rhythmus unterstrichen werden, daß alles letzten Endes den Entsprechungen im Jahreskreis unterliegt. Aufbruch, Frische, Freude über das Hochstehen der Sonne hin zum Reifen und ernten, was aber gleichzeitig auch das Vergehen und das Wieder einkehren bedeutet. Dies hat auch tiefere Bezüge zu den sieben Chakren und biografischen Entwicklungsphasen eines Menschen, so kann manches aufgelöst werden was ansonsten im Körper zu Unwohlsein und Erkrankung führen kann.

Hat man diese Geschichten für sich einmal „ritualisiert" kann man darauf aufbauend in der Entspannung mit vielen eigenen Bildern arbeiten und auch Ziele „visualisieren".

Dazu schreibt man die Geschichte weiter, oder man macht sich angenehme Musik an und lässt sich von den Klängen mitnehmen, bis sich vielleicht Bilder einstellen.

Hilfreich kann auch sein ein schönes Bild mit einem Foto von sich selbst machen, alle Wünsche aus Zeitungen oder Katalogen auszuschneiden und sie in eine Wunschbox zu füllen, die Zeit der Entspannung dann nutzen Gedanken an diese Bilder nachzugehen und sich vorzustellen, wie sich es anfühlt, wie es riecht, wie es schmeckt und was man sieht und hört, wen man genau dort ist, wo die Wünsche oder inneren Bilder einen so hintreiben!! Dieses Arbeitsbuch ist also nicht lediglich eine Anleitung sondern vielmehr der Anreiz sich selbst zu erkunden und an und mit sich zu arbeiten.

Yin Yoga –Yang Yoga?

Der Amerikaner Paul Grilley stellte als erster eine Yoga Praxis aus Yoga Asanas, dem Meridiansystem und asiatischen Kampfsportarten her.

Yin Yoga zielt darauf ab, die Lebensenergie (Chi/ Prana/Ki) im Körper wieder zum Fließen zu bringen oder dessen Fluss zu verbessern.

Chi kommt aus dem Meridiansystem der Traditionellen chinesischen Medizin (TCM).

Kurz gefasst, wird im Ying Yoga das Chi durch langes halten der Asanas im Bindegewebe gesammelt und nach Auflösung der Übung kann es wieder freier im Meridiansystem fließen.

Es wirkt ähnlich einer Akupunktur oder Massage. Ich habe meine Erkenntnisse aus dem Shiatsu, wo es eine Meridiangymnastik gibt und zahlreiche Anleitungen zur Selbstmassage weiter entwickelt-

Wesentlich ist auch hier, das längere Halten einer Position und das völlig ohne Druck/ Zug und Kraft geübt wird.

Auf diese Art können zahlreiche Beschwerden gelöst werden und der Blickwinkel , das der Körper ein schmerzbeladener oder alternder und kränkelnder Hemmschuh ist kann verändert werden, so daß der Körper wieder zu einem wertvollen „Zu Hause" werden kann und Lust und Wohlgefühl bereitet. Der Mensch wird achtsamer im Umgang mit sich und spürt schneller was gut und was nicht gut ist.

Atmung/Pranayama

Die Atemkontrolle ist ein weiterer wesentlicher Punkt. Allein durch bestimmte Atemtechniken lässt sich physiologisch eine Reduzierung der Herzschlagrate erzielen oder auch die Atemfrequenz vermindern und dadurch vertiefen. Durch bestimmte Techniken werden Zwerchfell und Atem Hilfsmuskulatur gekräftigt und somit gestärkt.

Die 4-7-8-Methode

Dosierung; 2 Mal 5 bis 8 Wiederholungen täglich

Durchführung: Diese Methode ist eine Atemtechnik mit dem Ziel, Atmung und Herzrhythmus zu beruhigen.

Und so funktioniert es:

-4 Atemzüge ein- und ausatmen im eignen Rhytmus

-nach der Einatmung für 7 Sekunden die Luft anhalten

-für 8 Sekunden ausatmen

Bauchatmung

Dosierung: 2 Mal 5-10 Minuten täglich.

Durchführung: Legen oder setzen Sie sich entspannt hin. Lenken Sie die Aufmerksamkeit auf die Bauchgegend. Nun atmen

Sie in tiefen und regelmäßigen Atemzügen durch die Nase ein und aus und wölben dadurch die Bauchdecke vor- und zurück.

Atementspannung

Dosierung: Führen Sie diese Übung 5 bis 10 Atemzüge lang durch und beenden Sie die Übung bewusst, in dem Sie die Augen öffnen, tief durchatmen und sich ggf. recken und strecken.

Durchführung: Richten Sie Ihre Aufmerksamkeit auf Ihre Atmung und schließen Sie Ihre Augen. Spüren sie, wie der Atem in Sie hinein- und herausströmt - ohne willentliche Beeinflussung. Denken Sie dabei an ein Glas, das sich von unten nach oben füllt. So ist das auch mit Ihrem Atem – er füllt zuerst den Bauch- und dann den Brustraum.

Nimm nun die drei Phasen Ihres Atems bewusst war: Ausatmen – Pause – Einatmen und stelle dir vor, wie du mit dem ausströmenden Atem Anspannungen, Sorgen, Belastendes mit hinaus fließen lassen kannst. Spüre, wie sich Ruhe in deinem Körper und in deinen Gedanken ausbreitet.

Atemhilfsmuskulatur Aktivieren

Dosierung: Immer wenn das Gefühl entsteht, der Brustkorb ist zu eng oder die Muskulatur der Schultern zu angespannt.

4-8 Wiederholungen.

Durchführung: In der Torwartstellung oder dem Kutschersitz sitzen oder stehen. Ausatmen bis die ganze Luft aus dem Brustkorb entwichen ist. Dann die Luft anhalten.

Nun den Bauch herausstrecken und einziehen, als ob der Körper eine tiefe Bauchatmung machen würde.

Solange ausreizen bis ein klarer Reiz zum Einatmen kommt, tief einatmen und mehrere Atemzüge im eignen Tempo atmen bevor erneut diese Übung gemacht wird

Der "heilende Atem"

Dabei geht es darum, die 3 Phasen des Atmens bewusst im zeitlichen Ablauf zu verändern.

Das Verhältnis von

Einatmen - Anhalten – Ausatmen- Anhalten kann kontrolliert und variiert werden.

Dabei bestimmt die zeitliche Länge des Einatmens die darauf folgenden Phasen.

Sie können nach Belieben die Zeit des Einatmens verlängern und damit die folgenden Phasen.

Der Sinn des "heilenden Atems" ist es den Atmungsprozess zu verlängern. Dies wiederum entspannt und heilt sowohl den Körper als auch den Geist.

Dosierung: so oft und wann immer erforderlich und möglich. 4-8 Wiederholungen in eigenem Rhythmus.

Durchführung: Zunächst auf 8 einatmen; Luft für 8 Sekunden halten und auf 8 Sekunden ausatmen. Danach zunächst normale Atemzüge. Steigerung auf 8 Einatmen, auf 8 Luft halten auf 8 Ausatmen und mit geleerter Lunge 8 Sekunden Luft halten. Danach normale Atemzüge im eigenen Rhythmus folgen lassen.

Dezember - Januar

Themen:

Loslassen, Willenskraft stärken, Sanftmut üben, Bauchgefühl entwickeln und Gelassenheit die Dinge anzunehmen wie sie sind.

Der Nieren Blasen Meridian, das Element Wasser und damit verbunden die Emotion Angst aber auch im Positiven die Emotionen Willenskraft, Weisheit, Annehmen und Intuition sowie Sanftheit!

Ausgangspunkt des Nieren Meridians in der Mitte der Fußsohle , Innenseite des Oberschenkels bis zur Leiste und dann in der Mitte des Körpers bis zum Brustbein und Schlüsselbein.

Ausgangspunkt des Blasenmeridians: innerer Augenwinkel über Hinterkopf in vier Zweigen den Rücken entlang und mittig die Oberschenkelrückseite entlang bis zur AuOenkante des kleinen Zehs.

Heil Laut aus dem Qui Gong: „Tschüiiii"

Das Sexualchakra ist dieser Thematik zugehörig im Unterbauch zwischen Nabel und Geschlechtsorgan. Die Farben Blau, Weiss und Orange und das Thema Lust, Genießen und Loslassen sind zugeordnete Bereiche.

Körperliche Symptome bei Überfülle/Schwäche oder Disharmonie: Energielosigkeit, Antriebsschwäche, Schlafprobleme, Kalte Hände und Füße, Wirbelsäulenthemen, Kopfweh, Heuschnupfen und Nasennebenhöhlenthemen, Verkrampfungen und depressiven Verstimmungen.

Asanas:

Füße mit dem Tune Up Ball oder Tennisball ausrollen.

Stehende Vorwärtsbeuge

Der Krieger I

Happy Baby und Happy Baby Schaukel

Rolling like a Ball

Schulterstand

Frosch gedreht

Schmetterling

Schildkröte

Libelle

Sphinx

Pflug

Kobra

Krokodil

Gedrehte Bauchlage

Mantra: Ich überlasse mich dem Fluss des Lebens!

Meine Willenskraft entwickelt sich von Moment zu Moment!!

Ein Stunden Beispiel!

Namasté

Sitze im Fersensitz, wenn das dir unbequem ist, lege ein Handtuch zwischen Unter – und Oberschenkel und ein Bolster zwischen Füße und Boden. Gehe in Gedanken zu einem Bach oder Fluss inmitten einer verschneiten Winterlandschaft. Du hast ein kräftig orangefarbenes Tuch um deine Schultern und bst durch und durch warm und bewunderst für einen Moment diese wunderbare orange Farbe.

Reibe beide Hände und lege die Hände auf die Nierengegend. Und stelle dir vor das eine warme Wassersäule deinen ganzen Körper spült und warm umhüllt.

Schließe die Augen und nimm deinem Atem wahr. Mit jeder Ausatmung lässt du immer mehr Spannung aus dem Körper entweichen und gibst es dem Fluss mit auf die Reise.

Beginne mit deiner Kopfhaut, wie ein kleiner Wind streicht es dir über den Kopf und nimmt die Spannung.

Gehe zu der Stirn, auch hier haucht der Wasserstrahl sanft über dich und nimmt all deine Spannung mit.

Mit dem Schließen der Augen bist du ganz bei Dir, in der Mitte deiner Selbst.

Alles was dich nun dort stört oder belastend ist, packst du in kleine rote Papiertüten und setzt sie auf den Fluss, der sie hinweg spült. Du hast in dir nun immer mehr und mehr Platz und Raum für Neues und für Entspannung und Ruhe.

Ich lasse in tiefem Vertrauen los und bin frei und leicht.

Genieße dieses Gefühl !!

Konzentriere dich nun auf deine Atmung.

Atme tief ein und halte dann die Luft an (zähle bis 4 -5-6-7 oder 8)

Atme langsam gegen die Lippenbremse aus, wenn alle Luft aus der Lunge entwichen ist

Halte erneut die Luft an (zähle erneut bis 4-5-6-7- oder 8).

Atme wieder ein und mache 3-4- normale Atemzüge und wiederhole alles noch 2-3 Mal.

Danach lass deinen Atem kommen und gehen.

Umfasse deine Knie und richte einatmend den Rücken auf und beim ausatmen forme den Laut „Tschüiii" und beuge dich auf deine Knie vor.

Schiebe dein rechtes Bein nach hinten, komme in die Haltung „Gottesanbeterin". Atme ein führe deine Hände seitlich nach oben und beim Ausatmen lasse dich nach vorne auf das gebeugte Bein fallen, Halte und spüre wie mit jeder Ausatmung dein Körper immer mehr nachgibt und es dir leichter fällt die Position zu halten.

Löse, Komme zurück in den Fersensitz und spüre nach. Dann schiebe dein linkes Bein nach hinten. Komme in die Haltung „Gottesanbeterin". Atme ein führe deine Hände seitlich nach oben und beim Ausatmen lasse dich nach vorne auf das gebeugte Bein fallen, Halte und spüre wie mit jeder Ausatmung dein Körper immer mehr nachgibt und es dir leichter fällt die Position zu halten.

Löse, Komme zurück in den Fersensitz und spüre nach.

Komme in die Rückenlage.

Richte dich auf deiner Unterlage aus, du liegst auf dem Rücken, die Füße sind auf dem Boden, die Knie zeigen zur Decke, zwischen die Füße und die Knie passt ein kleiner Ball.

Du schaukelst nun dein Becken vor und zurück, stell dir vor, dort ist eine Schale mit Wasser, du wiegst das Wasser sanft hin und her ohne es zu verschütten.

Deine Schulterblätter liegen auf dem Boden, zieh sie weit weg von den Ohren, breite deine Arme aus und lasse deine Hände zur Decke zeigen.

Stell dir vor am Scheitel hast du einen Faden dort zieht jemand nun sanft und deine Halswirbelsäule streckt sich etwas.

Atme ein, beim Ausatmen schließt du sanft alle Körperöffnungen und ziehst deinen Bauchnabel nach innen.

Versuche nun diese Spannung zu halten und atme erneut ein. Beim ausatmen schließt du alle Körperöffnungen und der Bauchnabel zieht nach innen.

Schließe nun deine Augen und gehe auf eine Innere Reise....

Spaziere am Bachlauf entlang und setze immer dann wenn etwas auftaucht was dich stört oder bremst, dieses Gefühl, diesen Gedanken mit einer kleinen Tüte auf dem Bächlein ab und lass es ziehen, schau nach und freue dich.

Du atmest ein und beim ausatmen schließt du wieder die Körperöffnungen und ziehst den Bauchnabel nach innen. Du hälst diese Grundspannung.

Die Wintersonne scheint angenehm warm auf deine Haut und du spürst wie sich die Wärme in deinem Körper ausbreitet. Du atmest und hälst deine innere Spannung.

Bis in deine Fingerspitzen und Fußzehen breitet sich die Wärme angenehm aus.

Alle Gedanken und alle Sorgen sind Gleichgültig.

Du bist angenehm warm und angenehm gelöst.

Mit jedem Ausatmen lässt du jedes Mal Gedanken die dich noch stören oder Geräusche die dich ablenken los. Mit dem Gedanken „Ich bin erleichtert und befreit."

Dein Körper fühlt sich angenehm warm und angenehm weich an.

Mit jedem Ausatmen lässt du dich immer tiefer in das Körpergefühl sinken.

Du denkst bei jedem ausatmen an deine innere Spannung.-

Stell dir vor du löst einen Knoten auf und atmest alles was du nicht länger gebrauchen kannst aus.

Du hörst um dich herum das plätschern des Wassers und spürst die Sonne auf deiner Haut.

Alles ist ganz leicht und frei und um dich herum ist tiefe Ruhe.

Genieße diesen Moment und koste ihn ganz aus.

Beim nächsten ausatmen hebst du ein Bein an, der Fuß zeigt zur Decke, du atmest ein und beim nächsten ausatmen kreist dein Fuß einen kleinen Melonengroßen Kreis. Du atmest ein, beim nächsten ausatmen, denkst du an deine innere Spannung und stellst den Fuß zurück in die Ausgangsposition.

Du wiederholst das ganze abwechselnd mit dem rechten und dem linken Fuß, ganz in deinem Rhythmus, auf jeder Seite 4 Mal.

Du atmest ein und entspannst dich ganz, hörst die Vögel zwitschern und den Bach gurgeln. Du atmest aus und baust deine innere Spannung erneut auf.

Du atmest ein und beim nächsten ausatmen, hebst du dein Becken, Wirbel für Wirbel ab, versuche deine innere Spannung zu halten und trotzdem den Po locker zu lassen. Du atmest oben ein hälst dich in der Position und beim ausatmen senkst du langsam und Wirbel für Wirbel den Körper wieder ab.

Wiederhole dies noch 7 Mal.

Atme ein und wieder aus und gehe in Gedanken wieder ganz auf deine Reise, horch was die Vögel zwitschern und rieche, dann atmest du ein, und beim ausatmen, baust du erneut deine innere Spannung auf.

Du atmest ein, mit der nächsten Ausatmung achtest du auf deine innere Spannung und hebst beide Arme zur Decke – Fingerspitzen zeigen zur Decke, die Schultern liegen noch fest auf dem Boden. Du atmest ein, beim nächsten ausatmen legst du einen Arm über deinem Kopf ab. Atme ein und führe den Arm zurück nach oben. Du wiederholst das nun mit dem anderen Arm und dann in deinem Rhythmus abwechselnd rechts und links, so das du jeweils 4 Wiederholungen mit jedem Arm machst. Atme dann aus und lege beide Arme seitlich von Dir ab.

Atme ein und löse deine Spannung auf, die Beine bleiben angewinkelt stehen, die Arme liegen seitlich von deinem Körper und du fühlst dich ausgelassen und frisch und klar.

Nun drehst du beim nächsten ausatmen den Kopf nach links und lässt gleichzeitig die Beine gewinkelt nach rechts fallen. Beim Einatmen kehrst du zurück in die Ausgangslage. Wiederhole das in deinem Tempo 8 Mal. Danach Wiederhole es zur anderen Seite.

Du liegst in Rückenlage und die Beine sind zur Decke gestreckt. Die Füße sind im Wechsel gewinkelt und gestreckt.

Fasse nun ein Bein und ziehe es langsam zum Körper, halte und mit jeder Ausatmung ziehst du das Bein sanft näher zu dir, löse. Gehe zum andren Bein.

Umfasse nun beide Beine und ziehe sie zu dir heran, Halte und mit jedem Ausatmen gibt dein Körper immer mehr nach und die Beine kommen näher zu dir. Löse und Fasse deine Füße komme in die „Happy Baby" Position und Halte, kreise sanft auf deinem unteren Rücken und genieße.

Beim ausatmen streckst du dich aus und reckst dich. Du schaust deinen Schal noch einmal ganz bewusst an und lässt diese tiefe orange Farbe in dir ausbreiten.

Dein Körper fühlt sich kräftig und stark an und dein Spaziergang hat dich angenehm aufgewärmt. Dein Kopf ist leicht und frei. Du schreitest weiter voran, ganz im Gedanken „Ich überlasse mich in tiefem Vertrauen, dem Fluß des Lebens!" „Ich bin leicht und frei, im Körper, in Gedanken und in meiner Seele!"

Kurze Randnotiz: Hier kann nun noch eine Tiefenentspannung erfolgen bevor du dich bereit machst wieder im Hier und Jetzt anzukommen, ist eine Rückholung aus dem sehr entspannten Bewusstsein wichtig und sollte nicht untergehen.

Dann gehst du allmählich zu deinen Füßen und fängst an diese etwas zu bewegen, wenn du irgendwo noch Spannung oder Schmerz spürst, atmest du ganz bewusst ein und löst gedanklich einen Knoten auf und atmest dann ganz laut und bewusst aus.

Allmählich gehst du weiter nach oben zu den Waden und Oberschenkeln spannst diese an, Atmest bewusst dort hin und lässst alle Spannung los und atmest und schnaufst alles raus.

Du gehst weiter zum Becken, Hüfte unterer Rücken, spannst alles etwas an, atmest ganz tief ein und lässt dann alles wieder raus, atmest aus.

Geh weiter hoch zum Brustkorb und atme dort tief ein, mach deine Rippen ganz weit und wo noch Spannung ist lass diese los, schnaufe alles raus.

Du gehst weiter nach oben zu den Schultern und Armen, nimmst etwas Spannung in deine Muskeln und atmest tief ein, hälst kurz die Luft und dann lässt du alle Luft los, atmest aus.

Nun bist du am Kopf angekommen, du nimmst deine Hände und reibst um deine Ohren herum schneidest eine Grimasse und öffnest langsam deine Augen.

Genieße die tiefe Entspannung noch einen Moment und komm dann in deinem eignen Tempo hoch und mach dich bereit wieder in deinen Alltag zurück zu gehen!

Namasté

März - April

Themen: Loslassen, Geduld, Kreativität, Ruhe.

Das Element Holz und damit verbunden die Emotion Ärger und Wut sowie Depression aber auch im Positiven die Emotionen Willenskraft, Zielstrebigkeit und Tatkraft sowie Lebensfreude.

Ausgangspunkt des Gallenblasen Meridians Der Gallenblasen-Meridian ist sehr lang. Er hat viele Punkte seitlich am Kopf, verläuft über den Nacken, seitlich am Brustkorb, verbindet sich mit der Leber, der Galle und dem Magen, hat Einfluss auf die Leisten, Hüften, das Gesäß, die äußeren Beine, Füße und endet am 4. Zeh außen.

Ausgangspunkt des Lebermeridians: Der Leber-Meridian verläuft vom lateralen (=äußeren) Nagelfalzwinkel des großen Zehs, über den Fußrücken (zwischen den Mittelfußknochen des ersten und zweiten Zehs), zieht vor dem Innenknöchel nach oben, kreuzt zum inneren, hinteren Rand des Schienbeins und läuft bis zum medialen (inneren) Ende der Kniegelenksfalte. Von dort fließt er weiter über die Mitte der Innenseite des Oberschenkels und um die äußeren Genitalien herum, weiter über die Leisten und den Seitenbereich des Bauches (bis zur Spitze der elften Rippe), um in einem großen Bogen weiterzuziehen bis zu Leber senkrecht unterhalb der Brustwarze (im sechsten Intercostalraum, den du findest, indem du von oben nach unten den Raum zwischen den Rippen ertastest, bis du zum sechsten Zwischenrippenraum kommst). Hier endet der äußere Verlauf des Leber-Meridians. Im Inneren des Körpers fließt der Meridian weiter, unter anderem verbindet er sich mit der Leber und der Gallenblase.

Heil Laut: Xsüüüü

Das Nabelchakra ist dieser Thematik zugehörig in Höhe des Solarplexus. Die Farbe Gelb, Grün und das Thema Gestalten, Ich- Gefühl, Wille, Macht und Durchsetzung.

Körperliche Themen: Kopfweh, Augenprobleme, Schulter und Nacken Verspannungen, Körperliche und geistige Anspannung, Erkältung, Urogenitalprobleme, Frustration und emotionaler Stress.

Asanas:

Berg,

Der Bogen

Der Baum,

Das Kamel,

Acht Bewegungsrichtungen der WS und Rückenstärkung

Der Adler,

Drache oder Eidechse-

Drehungen in allen Asanas

Krokodilsübungen

Drehsitz und -variationen

Gedrehtes Dreieck

Das Boot und Varianten

Gedrehte Heldenvariationen

Gedrehte (gegrätschte) Vorwärtsbeuge

Mantra:

Ich bin die strahlende Sonne meines Lebens!!!

Ich gehe meinen Weg in Gelassenheit, Sicherheit und Liebe!

Ein Beispiel:

Namasté!

Komme in den Fersensitz und konzentriere dich zunächst auf deine Atmung.

Atme tief ein und halte dann die Luft an (zähle bis 4 -5-6-7 oder 8)

Atme langsam gegen die Lippenbremse aus, wenn alle Luft aus der Lunge entwichen ist

Halte erneut die Luft an (zähle erneut bis 4-5-6-7- oder 8).

Atme wieder ein und mache 3-4- normale Atemzüge und wiederhole alles noch 2-3 Mal.

Nimm die Arme verschränkt hinter deinen Kopf atme tief ein und recke deinen Oberkörper. Mit der Ausatmung bilde eine Laut. „Schüüü" senke den Oberkörper auf die Knie und die Ellbogen gehen nach vorn. Komme einatmend wieder hoch und wiederhole alles 4 Mal.

Danach lass deinen Atem kommen und gehen. Denke Mehrmals den Satz. „Ich bin die strahlende Sonne – meines Lebens!!"

Richte dich auf deiner Unterlage aus, du liegst auf dem Rücken, die Füße sind auf dem Boden, die Knie zeigen zur Decke, zwischen die Füße und die Knie passt ein kleiner Ball.

Du schaukelst nun dein Becken vor und zurück, stell dir vor, dort ist eine Schale mit Wasser, du wiegst das Wasser sanft hin und her ohne es zu verschütten.

Deine Schulterblätter liegen auf dem Boden, zieh sie weit weg von den Ohren, breite deine Arme aus und lasse deine Hände zur Decke zeigen.

Stell dir vor am Scheitel hast du einen Faden dort zieht jemand nun sanft und deine Halswirbelsäule streckt sich etwas.

Atme ein, beim Ausatmen schließt du sanft alle Körperöffnungen und ziehst deinen Bauchnabel nach innen.

Versuche nun diese Spannung zu halten und atme erneut ein. Beim ausatmen schließt du alle Körperöffnungen und der Bauchnabel zieht nach innen.

Schließe nun deine Augen und gehe auf eine Innere Reise....

Stell dir vor du bist an einem langen Strand, es ist angenehm warm und du legst dich in den Sand, sofort spürst du wie dein Körper in den warmen, weichen Sand sinkt. Dein Blick wandert in eine Baumkrone in deren Schatten du liegst, mit den Augen wanderst du von rechts nach links und das frische grün der Blätter und die goldene Farbe der Sonne streicheln dich, du schliesst deine Augen.

Alle Gedanken und Sorgen sind gleichgültig.

Alle Geräusche sind gleichgültig.

Du hörst nur die Möwen wie sie kreischen und lachen, hörst die Wellen, wie sie kommen und gehen und du riechst die salzige Luft.

Genauso fließt dein Atem, er kommt und geht wie die Wellen.

Alle Gedanken und Sorgen lässt du vorbeiziehen, wie die Wolken am Horizont vorbei ziehen.

Du riechst die salzige Luft und spürst die Sonne ganz angenehm auf deiner Haut.

Du atmest ein und beim ausatmen schließt du wieder die Körperöffnungen und ziehst den Bauchnabel nach innen. Du hälst diese Grundspannung.

Die Sonne scheint angenehm warm auf deine Haut und du spürst wie sich die Wärme in deinem Körper ausbreitet. Du atmest und hälst deine innere Spannung.

Bis in deine Fingerspitzen und Fußzehen breitet sich die Wärme angenehm aus.

Alle Gedanken und alle Sorgen sind Gleichgültig.

Du bist angenehm warm und angenehm schwer.

Mit jedem Ausatmen lässt du jedes Mal Gedanken die dich noch stören oder Geräusche die dich ablenken los.

Dein Körper fühlt sich angenehm warm und angenehm weich an.

Mit jedem Ausatmen lässt du dich immer tiefer in den warmen weichen Sand sinken.

Du denkst bei jedem ausatmen an deine innere Spannung.-

Stell dir vor du löst einen Knoten auf und atmest alles was du nicht länger gebrauchen kannst aus.

Du hörst um dich herum das Rauschen der Wellen und die Möwen und spürst die Sonne auf deiner Haut.

Alles ist ganz leicht und frei und um dich herum ist tiefe Ruhe.

Genieße diesen Moment und koste ihn ganz aus.

Mache dich nun bereit, beim nächsten ausatmen hebst du beide Füße in die Table Top Position. Behalte deine innere Spannung. Atme ein und beim ausatmen hebst du deine Hände, deine Finger zeigen zur Decke, deine Schultern liegen auf dem Boden auf.

Beim Ausatmen hebst du nun das linke Bein und streckst es schräg zur Decke (45 Grad Winkel zum Boden), gleichzeitig führst du den rechten Arm zum linken Knie und klopfst dein Knie sanft. Dein restlicher Körper bleibt fest , deine Schultern liegen am Boden und dein Becken bleibt stabil. Beim Einatmen alles zurück in die Ausgangsposition. Beim ausatmen hebst du nun das rechte Bein und streckst es schräg zur Decke (45

Grad Winkel zum Boden), gleichzeitig führst du den linken Arm zum rechten Knie, sanft klopfen. Dein restlicher Körper bleibt unbewegt , deine Schultern liegen am Boden und dein Becken bleibt stabil. Beim Einatmen alles zurück in die Ausgangsposition. Wiederhole dies nun auf jeder Seite noch drei Mal.

Wiederhole das ganze in deinem Tempo noch sechs Mal.

Senke deine Beine und stelle deine Füße auf.

Beim Einatmen löst du deine innere Spannung und liegst wieder im warmen und weichen Sand, spürst die Sonne auf deiner Haut und eine tiefe Ruhe und Gelassenheit macht sich in dir breit. Beim ausatmen baust du deine innere Spannung wieder auf.

Deine Füße stehen auf dem Boden, die Knie zeigen zur Decke, deine Arme liegen neben deinem Körper. Hebe nun dein rechtes Bein im rechten Winkel an (Table Top Position).

Du atmest ein und beim nächsten ausatmen, hebst du dein Becken, Wirbel für Wirbel ab, versuche deine innere Spannung zu halten und trotzdem den Po locker zu lassen, dein rechtes Bein bleibt unbewegt. Du atmest oben ein hälst dich in der Position und beim ausatmen senkst du langsam und Wirbel für Wirbel den Körper und das rechte Bein wieder ab. Atme ein und beim Ausatmen hebst du das linke Bein in die Table Top Position, atme ein und halte das Bein und beim nächsten Ausatmen hebst du dein Becken Wirbel für Wirbel vom Boden und hälst dein linkes Bein unbewegt in der Table Top Position. Beim Einatmen halten, beim Ausatmen wieder absenken.

Wiederhole dies noch 7 Mal im Bewusstsein „ Ich bin die Strahlende Sonne – meines Lebens!"

Nun hebst du ausatmend beide Beine in gewinkelter Position an und hälst sie oben, atmest in deinem Tempo. Die Arme seitlich gestreckt vom Körper, leicht vom Boden abgehoben, mit der nächsten Ausatmung hebst du den Kopf leicht ab. Du atmest vorbereitend ein, drehst deinen Kopf mit der Ausatmung leicht nach rechts – Blick zur Achselhöhle, Einatmend kommst du mit dem Kopf zur Mitte. Mit der nächsten

Ausatmung Kopf leicht nach links drehen und Blick zur Achsel. Wiederhole das auf jeder Seite viermal.

Dann lege die Arme beim nächsten ausatmen seitlich vom Körper aus gestreckt ab. Atme ein.

Beim nächsten ausatmen lässt du deine Knie nach links fallen und gleichzeitig deinen Kopf nach rechts. Atme ein und genieße die Dehnung. Atme aus und komme zurück zur Mitte. Atme ein. Beim nächsten ausatmen lässt du die Beine nach rechts fallen und den Kopf gleichzeitig nach links. Atme ein und genieße die Dehnung, atme aus und kehre zurück. Wiederhole das in deinem Tempo noch sechsmal.

Beim nächsten Ausatmen streckst du deine Beine aus und streckst deine Arme hinter deinen Kopf. Komm zum Sitzen, Langsitz.

Spreize deine Beine und richte einatmend den Rücken auf, Schultern weit weg von den Ohren, Hebe einatmend die Hand nach oben Handflächen berühren einander, ausatmend beuge dich nach hinten (leichte Rückbeuge) einatmend wieder in die Mitte und mit der nächsten ausatmung vorbeugen, verweile dort – atme weiter und komme mit jeder ausatmung tiefer – entspanne. Mit der nächsten Einatmung wieder aufrichten. Arme in Kerzenhalterposition, mit der nächsten Austamung nach rechts drehen, einatmend zur Mitte und mit der nächsten Ausatmung nach links kommen.

Einatmend zur Mitte, mit der nächsten Ausatmung komme mit der linken Hand zum rechten Fuß und versuche die rechte Hand Richtung Decke zu strecken, einatmend zur Mitte aufrichten, und mit der nächsten Austmung rechte Hand, linker Fuß, linke Hand Richtung Decke. Wiederhole diese Übungssequenz noch viermal. Denke leise: „ Ich bin die Strahlende Sonne – meines Lebens!"

Mit der nächsten Einatmung richtest du dich im gespreizten Langsitz auf, mit der Ausatmung positionierst du deine linke Hand hinter deinem Gesäß, Drehung nach Links, rechte Hand zum linken Knie. Verweile in dieser Position – atme in deine Rhythmus weiter, und drehe nun den

Kopf etwas mehr nach Links mit jeder Ausatmung wird der Körper flexibler und nachgiebiger und die Drehung halten fällt immer leichter und leichter. Komme mit einer Einatmung dann zur Mitte und spüre nach. Mache die Übung nun nach rechts.

Komme Einatmend wieder zur Mitte.

Komme in den Kniestand und strecke dein linkes Bein seitlich aus. Mit der nächsten Ausatmung bringe die Hände in die Gebetshaltung vor deine Brust. Atme ein und mit der Ausatmung bringe nun die Hände nach oben über den Kopf. Atme ein, mit der nächsten Ausatmung neige dich mit dem Oberkörper zur linken Seite. Einatmend Mitte, mit der nächsten Ausatmung neige dich nach rechts, einatmend Mitte. Wiederhole noch dreimal und wechsele die Seite für vier Wiederholungen.

Anmerkung der Verfasserin: Komme über den Fersensitz zum Liegen, zur abschließenden Savasanna. Rückholung!!!

Dein Körper fühlt sich kräftig und stark an und die Sonne hat dich angenehm aufgewärmt. Sage dir leise die Worte vor: „ Ich bin die Strahlende Sonne – meines Lebens!"

Dann gehst du allmählich in Gedanken zu deinen Füßen und fängst an diese etwas zu bewegen, wenn du irgendwo noch Spannung oder Schmerz spürst, atmest du ganz bewusst ein und löst gedanklich einen Knoten auf und atmest dann ganz laut und bewusst aus.

Allmählich gehst du weiter nach oben zu den Waden und Oberschenkeln spannst diese an, Atmest bewusst dort hin und lässt alle Spannung los und atmest und schnaufst alles raus.

Du gehst weiter zum Becken, Hüfte unterer Rücken, spannst alles etwas an, atmest ganz tief ein und lässt dann alles wieder los, atmest aus.

Geh weiter hoch zum Brustkorb und atme dort tief ein, mach deine Rippen ganz weit und wo noch Spannung ist lass diese los, schnaufe alles raus.

Du gehst weiter nach oben zu den Schultern und Armen, nimmst etwas Spannung in deine Muskeln und atmest tief ein, halte kurz die Luft und dann lässt du alle Luft los, atmest aus.

Nun bist du am Kopf angekommen, du nimmst deine Hände und reibst um deine Ohren herum schneidest eine Grimasse und öffnest langsam deine Augen.

Geniesse die tiefe Entspannung noch einen Moment und komm dann in deinem eignen Tempo hoch und mach dich bereit wieder in deinen Alltag zurück zu gehen!

Namasté

Mai Juni

Themen: Überheblichkeit, Ungeduld, Kritik, Mangel an Abgrenzung. Aber auch Selbstliebe, Herzenswärme, Urteilsfähigkeit, Ruhe und Klarheit.

Das Element Feuer und die Emotionen, Sorge, Angst und Einsamkeit. Die Farben Grün und Rosa.

Der Herzmeridian: Im tiefsten Punkt der Achselhöhle tritt der Meridian an die Oberfläche. Er verläuft über die Innenseite des Oberarmes zum Ende der Ellbogenquerfalte und weiter über die Innenseite des Unterarmes zum kleinen Finger. Dort dreht er im letzten Abschnitt zur Rückseite des kleinen Fingers und endet am inneren oberen Nagelbettwinkel.

Der Dünndarmmeridian: Beginnt am Nagelwinkel des kleinen Fingers, gegenüber dem Herz-Meridian, folgt der Handkante bis zum Handgelenk und dreht sich dort leicht und steigt am Unterarm dicht an der Außenkante der Elle auf. Am „Musikantenknochen" passiert er den Ellbogen und läuft über die Rückseite des Oberarms hinter das Schultergelenk. Von dort zieht er über das Schulterblatt und verbindet sich – wie alle Yang-Meridiane – mit dem Gouverneursgefäß. Hier fließt er in die Schlüsselbeingrube, wo der innere Ast eindringt, der erst zum Herzen, dann die Speiseröhre entlang nach unten zum Magen gelangt. Dort dringt er schließlich in den

Dünndarm selbst ein.

Der äußere Ast steigt vom Schlüsselbein zum Kopf auf. Über die Halsseite gelangt er zur Wange und dann zum Ohr. Auf der Wange teilt er sich in zwei innere Äste. Sie führen zum Gallenblasen-Meridian in den äußeren und zum Blasenmeridian

Körperliche Themen: Herzbeschwerden, Unruhe, Stress, Krämpfe, Schmerzen im Hals und Nacken Bereich, Fieber, Ohrgeräuschen, Durchfall, Schwindel und Blutdruckprobleme. Kälte und Blässe.

Heillaut: „Cheeee"

Mantra: „Ich konzentriere mich und gestalte meinen Alltag."

„Ich finde inneren Frieden im Herzen, dem Geist und dem Körper."

Herzchakra und sprirituelles Herz (Thymusdrüse)

Asanas:

Kuhmaul

Krieger

Sternegruß

Fisch

Alle Rückbeugen

Kobra

Bogen

Taube

Kamel

Namaste-Haltung in allen Asanas

Ein Beispiel:

Namasté

Wir beginnen im Stehen! Stell dir vor du bist in einer Blockhütte und schaust durchs Fenster über die Berglandschaft.

Beginne bei deinen Füßen und spüre wie du die Erde berührst. Du spürst deine Füße, wiegst dich nach vorne und hinten und pendelst hin und her, spürst wie gut deine Füße dich tragen und schaust durch das Fenster in die Ferne.

Du spürst deine Füße, wiegst dich nach vorne und hinten und pendelst hin und her, spürst wie gut deine Füße dich tragen und schaust durch das Fenster in die Ferne, alles dort draußen ist grün, am Fenster sind rosa karierte Gardinen und rosa Orchideen auf der Fensterbank, du genießt diese Farben.

Schließe deine Augen und spüre wie sich die Füße mit jedem Atemzug immer mehr und mehr Verwurzeln.

Gehe weiter nach oben an deinem Körper entlang und spüre wie deine Muskeln sich entspannen und du ganz leicht und ohne Anstrengung stehst. Bei deinen Armen angekommen spüre wie deine Handflächen aus dem Boden heraus Kraft aufnehmen und mit jeder Einatmung mehr Frische und Kraft in die einströmen und alles was alt und verbraucht ist aus dir ausströmt. Dein Brustkorb ist ganz weit und das atmen ist leicht, frei und gelöst. Dein Hals und Nacken ist entspannt und dein Kopf frisch, klar und frei. Hebe einatmend die Hände mit den Handflächen nach oben und spüre wie du mit jeder Einatmung frische Energie von oben erhältst und mit jeder Ausatmung alles was verbraucht und alt ist von dir abfällt. Atme im Bewusstsein: „Ich bin beweglich in Gedanken, Emotionen und dem ganzen Körper".

Konzentriere dich nun auf deine Atmung.

Atme tief ein und halte dann die Luft an (zähle bis 4 -5-6-7 oder 8)

Atme langsam gegen die Lippenbremse aus, wenn alle Luft aus der Lunge entwichen ist

Halte erneut die Luft an (zähle erneut bis 4-5-6-7- oder 8).

Atme wieder ein und mache 3-4- normale Atemzüge und wiederhole alles noch 2-3 Mal.

Danach lass deinen Atem kommen und gehen.

Verschränke deine Arme hinter dem Rücken komme einatmend in eine leichte Rückbeuge und atme beim Vorbeugen mit dem Laut „Cheee" aus, dabei bringst du die hinter dem Rücken verschränkten Hände soweit nach vorne unten wie möglich, atme in deinem Rhythmus weiter und versuche noch ein zwei Atemzüge zu nutzen um tiefer zu kommen und nachgiebiger zu werden. Wiederhole die Übung noch dreimal.

Atme ein und hebe deine Arme in eine Kerzenhalter Position, austamend nach links drehen, einatmend Mitte und ausatmend nach rechts. Bringe die Hände in die Gebetshaltung atme ein. Ausatmend bringe die Hände in der Gebetshaltung hinter den Kopf die Ellenbogen zeigen nach oben und die Fingerspitzen zum Boden. Atme ein und beuge dich ausatmend in dieser Haltung in eine Vorwärtsbeuge – atme mit dem Laut „chee" aus.

Wiederhole diese Übung noch dreimal.

Stelle den rechten Fuß überkreuzt vor den linken und hebe die Hände in der Gebetshaltung über den Kopf. Atme in der Mitte ein und neige dich ausatmend mit dem Laut"Chee" abwechselnd nach rechts und links. Wiederhole die Übung mit dem Linken Fuß überkreuzt vor dem rechten Fuß.

Verschränke die Arme hinter dem Rücken und beuge dich ausatmend nach vorne. Komme wieder zur Mitte und atme ein. Hebe ausatmend das rechte Bein, linker Unterarm quer vorm Körper, rechter Unterarm zeigt mit der Hand zur Decke (Shiva). Atme ein halte die Balance und setze ausatmend das rechte Bein nach hinten ab, komme in die Heldenpositon und richte die Arme danach aus. Atme ein und halte. Hebe einatmend das linke Bein nach vorne oben, gewinkelt ab, Arme in die Shiva Position. Stelle dann das Linke Bein nach hinten ab und komme in die Heldenposition – Halte- Atme. Schliesse einatmend die Beine und verschränke die Hände hinter dem Rücken, mache ausatmend eine Vorbeuge und lass die Arme soweit möglich nach vorn und untern fallen. Wiederhole dreimal.

Komme zurück zum Stand und spüre nach.

Beim nächsten ausatmen, baust du deine innere Spannung auf, du verlagerst dein Gewicht auf das rechte Bein und dann hebst du deinen linken Fuß ab. Du atmest ein und halte den Fuß in der Luft. Atmest aus und senkst den Fuß zum Boden. Beim Einatmen verlagerst du das Gewicht auf das linke Bein und beim Ausatmen, innere Spannung aufbauen, den rechten Fuß abheben und in der Luft halten, einatmen. Beim ausatmen absenken.

Du wiederholst die Übung noch sechs Mal.

Du denkst bei jedem ausatmen an deine innere Spannung.-

Nun rollst du bei der nächsten Ausatmung, deine Wirbelsäule vom Kopf an über die Brustwirbelsäule nach unten bis du vornüber gebeugt hängst. Atme ein und halte und beim nächsten Ausatmen beugst du deine Wirbelsäule weiter bis deine Hände den Boden berühren.

Atme ein und halte diese Position. Beim nächsten Ausatmen laufe mit den Händen nach vorne. Atme ein und halte diese Position. Atme aus und senke nun deine Beine in den Vierfüßler Stand ab. Atme ein und beim Ausatmen hebst du nur deine Knie ab, so das eine Schneeballgroße Kugel dazwischen passt. Beim Einatmen, senke deine Knie ab.

Beginne im Kniestand der Oberkörper aufgerichtet. Hebe einatmend beide Hände über den Kopf und komme ausatmend in eine leichte Rückbeuge. Komme zur Mitte und wiederhole die Übung einige Male in deinem Rhythmus. Denke dir: „Ich bin beweglich in Gedanken, Emotionen und dem ganzen Körper".

Atme vorbereitend ein und bringe dann ausatmend, zunächst die rechte Hand zum rechten Fuß Oberkörper in Rückbeuge. Halte diese Dehnung einige Atemzüge.

Einatmend zur Mitte kommen und ausatmend linke Hand zum linken Fuß in Rückbeuge. Dehnung halten und im eigenen Rhythmus atmen.

Einatmend wieder zur Mitte kommen. Ausatmend mit beiden Händen zu den Füßen – Oberkörper in der Rückbeuge (Kamel) und die Dehnung halten, mit jedem Atemzug weicher werden und in Gedanken den Satz formulieren „Ich bin beweglich in Gedanken, Emotionen und dem ganzen Körper".

Wiederhole die Übung noch sieben Mal, komme dann in die Haltung des Kindes.

Du liegst in Bauchlage oder in der Kindhaltung auf deiner Unterlage, wenn du Beschwerden hast, unterlagere mit einem Yoga Kissen oder Keilkissen.

Atme ein, beim Ausatmen schließt du sanft alle Körperöffnungen und ziehst deinen Bauchnabel nach innen.

Versuche nun diese Spannung zu halten und atme erneut ein. Beim ausatmen schließt du alle Körperöffnungen und der Bauchnabel zieht nach innen.

Schließe nun deine Augen und gehe auf eine Innere Reise….

Stell dir vor du bist in einer Blockhütte, liegst neben einem Kamin

Du liegst auf einer kuscheligen Decke und sinkst weich in sie ein.

Das Feuer riecht würzig und prasselt gemütlich, du hast einen warmen Saft neben dir und fühlst dich geborgen und wohlig.

Alle Gedanken und Sorgen sind gleichgültig.

Alle Geräusche sind gleichgültig.

Du hörst nur das prasseln des Feuers und riechst die würzige Luft, bist ganz durchgewärmt.

Das Feuer scheint warm und du spürst diese Wärme auf deinem Gesicht und deiner Haut.

Du atmest ein und beim ausatmen schließt du wieder die Körperöffnungen und ziehst den Bauchnabel nach innen. Du hältst diese Grundspannung.

Das Feuer scheint angenehm warm auf deine Haut und du spürst wie sich die Wärme in deinem Körper ausbreitet. Du atmest und hältst deine innere Spannung.

Bis in deine Fingerspitzen und Fußzehen breitet sich die Wärme angenehm aus.

Alle Gedanken und alle Sorgen sind Gleichgültig.

Du bist angenehm warm und angenehm schwer.

Mit jedem Ausatmen lässt du jedes Mal Gedanken die dich noch stören oder Geräusche die dich ablenken los.

Dein Körper fühlt sich angenehm warm und angenehm weich an.

Mit jedem Ausatmen lässt du dich immer tiefer in die warme und weiche Decke sinken, deine Füße sind angenehm warm und fühlen sich weich und beweglich an.

Du hörst um dich herum das prasseln des Feuers und spürst die Wärme auf deiner Haut.

Alles ist ganz leicht und frei und um dich herum ist tiefe Ruhe.

Genieße diesen Moment und koste ihn ganz aus.

Beim ausatmen streckst du dich und reckst dich. Das Feuer hat dich angenehm aufgewärmt und der Anblick der ruhigen Winterlandschaft hat dich innerlich ganz ruhig und klar gemacht.

Dein Körper fühlt sich kräftig und stark an und das Feuer hat dich angenehm aufgewärmt. Denke leise:„Ich bin beweglich in Gedanken, Emotionen und dem ganzen Körper".

Dann gehst du allmählich zu deinen Füßen und fängst an diese etwas zu bewegen, wenn du irgendwo noch Spannung oder Schmerz spürst, atmest du ganz bewusst ein und löst gedanklich einen Knoten auf und atmest dann ganz laut und bewusst aus.

Allmählich gehst du weiter nach oben zu den Waden und Oberschenkeln spannst diese an, Atmest bewusst dort hin und lässt alle Spannung los und atmest und schnaufst alles raus.

Du gehst weiter zum Becken, Hüfte unterer Rücken, spannst alles etwas an, atmest ganz tief ein und lässt dann alles wieder raus, atmest aus.

Geh weiter hoch zum Brustkorb und atme dort tief ein, mach deine Rippen ganz weit und wo noch Spannung ist lass diese los, schnaufe alles raus.

Du gehst weiter nach oben zu den Schultern und Armen, nimmst etwas Spannung in deine Muskeln und atmest tief ein, halte kurz die Luft und dann lässt du alle Luft los, atmest aus.

Nun bist du am Kopf angekommen, du nimmst deine Hände und reibst um deine Ohren herum schneidest eine Grimasse und öffnest langsam deine Augen.

Genieße die tiefe Entspannung noch einen Moment und komm dann in deinem eignen Tempo hoch und mach dich bereit wieder in deinen Alltag zurück zu gehen!

Namasté

Juli - August

Themen: Zuverlässigkeit, Zynismus, Misstrauen, Ausgeglichenheit Offenheit.

Das Element Erde. Die Farbe Gelb, Rot und Braun und die Eigenschaften Sparsamkeit, Realitätssinn und Zuverlässigkeit, Vertrauen und Mütterlichkeit.

Der Magen Meridian: Der Meridian beginnt am seitlichen Nasenflügel und trifft am inneren Augenwinkel auf den Blasenmeridian und geht direkt unter das Auge. Von dort läuft er in die Schleimhaut des Oberkiefers und um den Mund. Er verbindet er sich mit dem Gouverneurs- und Zentralgefäß, die hier zusammentreffen. Nun geht er durch den Unterkiefer vor dem Ohr hoch zur Stirn, wandert zum Kiefer zurück und steigt seitlich den Hals hinab zur Schlüsselbeinregion. Ab hier läuft ein innerer Ast hinab in den Magen und die Milz. Der oberflächliche Ast zieht sich abwärts über den Bauch zum Schambereich, wo sich ein zweiter innerer Ast vom Magen her mit ihm vereint. Der Meridian läuft weiter über die Vorderseite des Oberschenkels, vorbei an der Kniescheibe, geht darunter und teilt sich dort erneut. Der oberflächliche Ast führt über den Unterschenkel seitlich des Schienbeins und endet am seitlichen Nagelfalz der zweiten Zehe. Der tiefere Ast steigt ab zur Mittelzehe. Von der Spitze des Fußes aus verläuft eine Verbindung zum Milzmeridian.

Der Milz Meridian: Der Meridian beginnt am inneren Nagelfalz der Groß Zehe, läuft den Innenrand des Fußgewölbes entlang und steigt vor dem Innenknöchel auf. Er zieht knapp hinter dem Knochen das Bein hoch, überquert dabei das Knie und steigt die Vorderseite des Oberschenkels vom Innenrand der Kniescheibe aus hoch. Von der Leiste aus dringt er in den Unterbauch, verbindet sich mit dem Zentralgefäß und kommt vor Eindringen in Magen und Milz kurz wieder an die Oberfläche. Der Hauptmeridian steigt durch das Zwerchfell und über die Brust auf und kreuzt den Lungen-Meridian. Er läuft weiter hoch zur Speiseröhre und unter die Zunge. Ein innerer Ast aus der Magengegend transportiert Qi zum Herzen.

Heillaut: „QUUUU"

Körperliche Themen: Augenprobleme, Nasenprobleme, Darmthemen Verstopfung und Durchfall, Wasseransammlungen, Thrombosen, Pilzbefall.

Zugeordnetes Chakra: Wurzelchakra

Mantra: „Mein Nervensystem arbeitet von Moment zu Moment immer besser und besser."

„Ich bin in meiner Mitte. Ich fühle mich genährt und gewärmt."

„Ich bin sicher und geborgen."

Asanas:

Fersensitz

Stellung des Kindes

Heldenstellungen / KriegerBogen

Kobra

Baum

Tänzer

Katze

Ein Beispiel:

Namasté

Konzentriere dich zunächst auf deine Atmung.

Atme tief ein und halte dann die Luft an (zähle bis 4 -5-6-7 oder 8)

Atme langsam gegen die Lippenbremse mit dem Laut „Quuuu" aus, wenn alle Luft aus der Lunge entwichen ist

Halte erneut die Luft an (zähle erneut bis 4-5-6-7- oder 8).

Atme wieder ein und mache 3-4- normale Atemzüge und wiederhole alles noch 2-3 Mal.

Danach lass deinen Atem kommen und gehen.

Du sitzt auf deiner Unterlage, wenn du Beschwerden im unteren Rücken hast, setze dich auf ein Yoga Kissen oder Keilkissen. Strecke die Beine nach schräg vorne aus. Richte dich auf und spüre deine Sitzbeinhöcker. Setz dich bewusst einmal hinter die Sitzbeinhöcker, und ganz bewusst einmal ins Hohlkreuz finde deine Position dazwischen und richte dich auf, ziehe die Schultern Richtung Hosentasche mache deinen Hals lang und lass den Abstand zwischen Ohren und Schultern groß werden.

Stell dir vor am Scheitel hast du einen Faden dort zieht jemand nun sanft und deine Halswirbelsäule streckt sich etwas.

Atme ein, beim Ausatmen schließt du sanft alle Körperöffnungen und ziehst deinen Bauchnabel nach innen.

Versuche nun diese Spannung zu halten und atme erneut ein. Beim ausatmen schließt du alle Körperöffnungen und der Bauchnabel zieht nach innen.

Schließe nun deine Augen und gehe auf eine Innere Reise….

Stell dir vor du bist auf einer Waldwiese und sitzt dort auf einer Holzbank. Du hast eine warme und weiche Unterlage dabei, Du spürst wie du ganz bequem in das warme und weiche einsinkst.

Alle Gedanken und Sorgen sind gleichgültig.

Alle Geräusche sind gleichgültig.

Du riechst die erdige Luft, es ist Herbst und alle Blätter leuchten in bunten Farben. Die ersten Blätter fallen bereits vom Baum, Es riecht nach Moos und Pilzen. Du beobachtest wie die Blätter vom Baum fallen und die goldene Sonne durch die restlichen Blätter fällt. Du atmest ein und beim ausatmen schließt du wieder die Körperöffnungen und ziehst den Bauchnabel nach innen. Du hälst diese Grundspannung.

Die Herbstsonne scheint angenehm warm auf deine Haut und du spürst wie sich die Wärme in deinem Körper ausbreitet. Du atmest und hälst deine innere Spannung.

Bis in deine Fingerspitzen und Fußzehen breitet sich die Wärme angenehm aus.

Alle Gedanken und alle Sorgen sind Gleichgültig.

Du bist angenehm warm und angenehm schwer.

Mit jedem Ausatmen lässt du jedes Mal Gedanken die dich noch stören oder Geräusche die dich ablenken los.

Dein Körper fühlt sich angenehm warm und angenehm weich an.

Mit jedem Einatmen lässt du dich immer tiefer in das warme weiche Kissen sinken.

Du denkst bei jedem ausatmen an deine innere Spannung.-

Stell dir vor du löst einen Knoten auf und atmest alles was du nicht länger gebrauchen kannst aus.

Du hörst um dich herum das leise rascheln der Blätter und riechst die würzige und erdige Luft und spürst die Sonne auf deiner Haut.

Alles ist ganz leicht und frei und um dich herum ist tiefe Ruhe.

Genieße diesen Moment und koste ihn ganz aus.

Dann rollst du beim nächsten ausatmen langsam deinen oberen Rücken, Wirbel für Wirbel zusammen und nimmst langsam deine Hände nach vorne, so als ob du einen dicken Baum umarmtest, ganz zum Schluss senkst du deinen Kopf und bist nun im oberen Rücken ganz rund, Dein Becken bleibt unverändert, du sitzt nach wie vor auf deinen Sitzbeinen. Beim Einatmen komme langsam wieder hoch und senke die Arme. Wiederhole das ganze in deinem Tempo noch sieben Mal.

Du atmest ein und beim ausatmen denkst du an deine innere Spannung.

Beim ausatmen dreht sich dein Oberkörper mit auf Schulterhöhe erhobenen Armen nach rechts. Die Wirbelsäule bleibt dabei aufgerichtet und gerade, lasse lieber deine Bewegung ganz klein sein. Beim einatmen drehst du dich zur Mitte zurück. Beim nächsten ausatmen drehst du dich nach links. Beim einatmen wieder zur Mitte. Wiederhole das nun noch drei Mal zu jeder Seite, ganz in deinem Rhythmus.

Du atmest ein und beim ausatmen zentrierst du dich und denkst wieder an deine innere Spannung.

Du breitest die Arme neben dir aus, die Fingerspitzen berühren den Boden, als ob du dich leicht auf deine Fingerspitzen stützen würdest.

Nun stellst du die Beine an, Füße stehen auf dem Boden, die Knie zeigen zur Decke.

Beim nächsten ausatmen, hebst du den linken Arm über den Kopf, der Arm wieder lang aus dem Schultergelenk, aber die Schulterblätter bleiben tief und sind weit weg von deinen Ohren, du ziehst den Arm ganz leicht nach rechts über den Kopf, dein rechter Ellenbogen knickt sanft ein, gleichzeitig lässt du deine Knie ganz leicht nach links zur Seite fallen. Du atmest ein und kommst zur Ausgangsstellung zurück. Beim ausatmen hebst du den rechten Arm über den Kopf, der Arm wieder lang aus dem Schultergelenk, aber die Schulterblätter bleiben tief und sind weit weg von deinen Ohren, du ziehst den Arm ganz leicht nach links über den Kopf, dein linker Ellenbogen knickt sanft ein, gleichzeitig lässt du beide Knie ganz leicht nach rechts zur Seite fallen.

Du atmest ein und kehrst zur Mitte zurück. Wiederhole jede Seite noch drei Mal in deinem Tempo.

Komme in den Vierfüßlerstand.

Richte dich aus. Schultern über den Händen, Knie unter der Hüfte bei geradem Rücken.

Einatmend schaust du nach vorn und gehst leicht ins Hohlkreuz während du ausatmend den Rücken rundest und den Blick unter dem Bauch zu deinen Beinen führst.

Wiederhole die Übung in deinem Rhythmus acht Mal.

Senke ausatmend die rechte Schulter und schiebe die rechte Hand unter dem linken Arm durchhalte diese Position und atme, kehre in deinem Rhythmus zurück und wiedrhole auf der anderen Seite diese Übung.

Lege dich auf den Bauch, Hände neben deiner Brust Blick zum Boden atme vorbereitend ein und bei ausatmen hebe den Oberkörper ab Blick nach vorne oder Richtung Decke. Mit der Einatmung wieder Absenken und die Übung acht Mal wiederholen.

Atme vorbereitend Ein.

Fasse mit der nächsten Ausatmung mit der rechten Hand den rechten Fuß. Halte die Dehnung und atme in deinem Rhythmus in die Dehnung. Löse auf- Spüre nach .

Atme vorbereitend ein und wiederhole die Übung auf der anderen Seite.

Löse auf und spüre nach.

Atme vorbereitend ein und bringe nun die rechte Hand zum rechten Fuß und dasselbe auf der linken Seite. Halte diese Dehnung und atme in deinem Rhythmus. Löse auf und spüre nach.

Beim ausatmen streckst du dich in die Rückenlage aus und spürst eine tiefe Ruhe in dir, die Blätter fallen beständig weiter und in dir ist eine tiefe Ruhe und eine Gelassenheit. Du lässt alles störende genauso abfallen, wie die Blätter nieder rieseln.

Dein Körper fühlt sich kräftig und stark an und die Sonne hat dich angenehm aufgewärmt.

Dann gehst du allmählich zu deinen Füßen und fängst an diese etwas zu bewegen, wenn du irgendwo noch Spannung oder Schmerz spürst, atmest du ganz bewusst ein und löst gedanklich einen Knoten auf und atmest dann ganz laut und bewusst aus.

Allmählich gehst du weiter nach oben zu den Waden und Oberschenkeln spannst diese an, Atmest bewusst dort hin und lässt alle Spannung los und atmest und schnaufst alles raus.

Du gehst weiter zum Becken, Hüfte unterer Rücken, spannst alles etwas an, atmest ganz tief ein und lässt dann alles wieder raus, atmest aus.

Geh weiter hoch zum Brustkorb und atme dort tief ein, mach deine Rippen ganz weit und wo noch Spannung ist lass diese los, schnaufe alles raus.

Du gehst weiter nach oben zu den Schultern und Armen, nimmst etwas Spannung in deine Muskeln und atmest tief ein, halte kurz die Luft und dann lässt du alle Luft los, atmest aus.

Nun bist du am Kopf angekommen, du nimmst deine Hände und reibst um deine Ohren herum schneidest eine Grimasse und öffnest langsam deine Augen.

Genieße die tiefe Entspannung noch einen Moment und komm dann in deinem eignen Tempo hoch und mach dich bereit wieder in deinen Alltag zurück zu gehen!

Namasté

September –Oktober

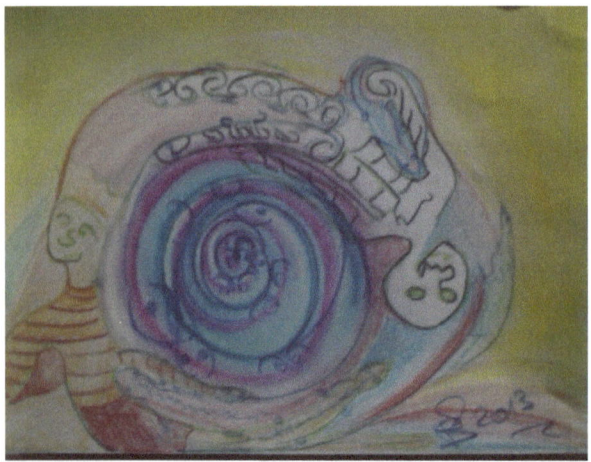

Themen: Trauer, Abgrenzung, Austausch und Kommunikation.

Das Element Metall und die Farben Weiß und Blau und Türkis sind den Meridianen zugeordnet.

Heillaut: „SSSSSSSS"

Der Lungenmeridian: Der innere Verlauf des Meridians beginnt tief im Bereich des Solarplexus. Er entspringt im mittleren Dreifach-Erwärmer-Meridian, steigt ein wenig hinab zum Dickdarm, seinem Yang-Partner und geht dann wieder aufwärts am Magen vorbei, durchkreuzt das Zwerchfell, teilt sich und dringt in die Lungen ein. Hier verzweigt er sich wieder, folgt der Luftröhre bis zum Rachen und teilt sich erneut, um auf der äußeren Seite der Schultervorderseite an die Oberfläche zu gelangen. Von hier aus verläuft der klassische Ast über die Schulter und die Vorderseite des Arms hinunter bis zum äußeren Rand des Bizeps. Er erreicht die Außenseite der Bizeps Sehne in der Ellbogenbeugefalte und zieht weiter den Unterarm hinab bis zum Handgelenk, knapp oberhalb des Daumenansatzes. Er durchquert den Daumenmuskel und endet im Nagelfalz des Daumens

Der Dickdammeridian: Der Meridian beginnt am radialen Nagelfalzwinkel des Zeigefingers, läuft am Fingerrand entlang und geht zwischen den beiden Sehnen des Daumens und des Handgelenks über die Rückseite des Unterarms bis zum Ellbogen. Vom äußeren Ende der Ellbogenbeugefalte, die bei gebeugtem Arm zu sehen ist, verläuft der Meridian weiter bis zur Außenseite des Schultermuskels. Dort überquert er das Schulterblatt und trifft unter dem 7. Halswirbel auf das Gouverneursgefäß. Innerlich wendet er sich dann abwärts, dringt in die Lungen und dann in sein eigenes Organ, den Dickdarm, ein. Von der Schulter zieht ein Ast den seitlichen Hals hoch über den Halswender (Musculus sternocleidomastoideus) bis zur Wange, passiert den Unterkiefer und umrundet die Oberlippe. Er endet neben dem Nasenloch der Gegenseite, wo er sich mit dem Magen-Meridian verbindet.

Das Kelkopfchakra ist die Entsprechung und damit die Themen Kommunikation.

Körperliche Themen: Lungenerkrankungen, Depression, Hals und Stimme, Schulter und Nacken.

Mantra: „Ich begrüße Tag für Tag eine Fülle von Möglichkeiten. Ich dehne und öffne mich."

Asanas:

Schulter-Hals-Nackenübungen

BrahmaMudra

Schulterstand

Pflug

Heuschrecke

Bogen

Kamel

Waldspaziergang Bergpanorama

Konzentriere dich zunächst auf deine Atmung.

Atme tief ein und halte dann die Luft an (zähle bis 4 -5-6-7 oder 8)

Atme langsam mit dem Laut „SSSS" aus, wenn alle Luft aus der Lunge entwichen ist

Halte erneut die Luft an (zähle erneut bis 4-5-6-7- oder 8).

Atme wieder ein und mache 3-4- normale Atemzüge und wiederhole alles noch 2-3 Mal.

Danach lass deinen Atem kommen und gehen.

Du neigst deinen Kopf einatmend bis auf die Brust (Kinn zum Brustbein); dann hältst du deine Luft.

Komm an-

In Dir;

In der Mitte deiner Selbst!

Ruhe

Ganz bei Dir!

Stelle dir vor, du wanderst durch einen sommerlich hellgrünen Wald und das Licht blitzt durch die Blätter, deine Augen wandern rechts und links durch das wunderbare Blätterdach ! Der Himmel strahlt in blau und fast Türkisen Tönen!

Du hast vor heute einen Berg zu erklimmen und weißt, daß es eine anstrengende Wanderung wird.

Du wanderst in dem Bewusstsein „Meine Willenskraft wird von Moment zu Moment stärker!" ; „ Ich lasse alles was mich bedrückt und traurig macht los!"

Hebe ausatmend den Kopf und atme dann einige Atemzüge in deinem Tempo.

Wiederhole nochmals drei bis viermal.

Hebe dein Knie Fuß an deine Wade oder den Oberschenkel, dann drehe dein Knie nach außen.

Stehe wie ein Baum, hebe die Hände in der Gebetshaltung vor dein Herz und bleibe in der Haltung des Baumes.

Komme mit dem Knie zurück zur Mittellinie und hebe das Bein, strecke es, versuche deinen Fuß zu fassen.

Halte.

Dann ziehe dein Knie Richtung Bauch.

Balanciere den Oberkörper nach vorne und strecke das Bein nach hinten und versuche den Fuß zu fassen – komme in die Haltung des Tänzers. Bleibe einige Atemzüge.

Komme zur Mitte auf beide Füße und spüre nach bevor du das ganze in deinem Rhythmus auf der anderen Seite machst.

Komme zur Mitte und spüre auf beiden Füßen nach. Vor deinem Auge siehst du was du bereits für einen Weg zurück gelegt hast.

Komme in den Fersensitz.

Mit der Einatmung kommst du auf die gestreckten Fußzehen und ausatmend setzt du dich wieder auf die Fußzehen!

Wiederhole das einige Atemzüge

Mit der nächsten Einatmung hebst du deinen rechten Arm und setzt ihn hinter deinen rechten Fuß.

Einatmend hebst du dein Becken und ausatmend setzt du sich auf deine Füße.

Wiederhole das Ganze mit dem linken Arm.

Danach wiederhole das Ganze mit beiden Armen und verbleibe wenn es dir leicht fällt mit erhobenen Becken und senke den Kopf nach hinten ins Kamel. Atme in deinem Rhythmus.

Komme zur Mitte und spüre nach.

Hebe beim Atmen die Hände verschränkt hinter den Kopf. Einatmend hebe deinen Kopf und Blick zur Decke. Ausatmend kommst du in eine Vorbeuge – Einatmend wieder hoch und so weiter …..

Komme in die Haltung der Katze und verbleibe einige Atemzüge oder bilde einen Flow

Katze

Herabschauender Hund

Planke

Kobra

Katze

Komme danach zum Liegen und denke an deinen Spaziergang.

Du bist oben auf deinem Gipfel angekommen und schaust in die Ferne. Bist Stolz auf dich und hast den Überblick über eine wunderschöne Landschaft- bist über den Wolken und alles ist weit weg und deine Perspektive ändert sich. Alles was dich vorher bedrängt und besorgt hat ist plötzlich gleichgültig. Du lässt los und bist frei. Atmest und geniesst.

Liege in der Rückenlage und stelle die Füße an den Po, Knie zeigen zur Decke.

Einatmend kippst du dein Becken vor und ausatmend zurück. Wiederhole in deinem Atem Rhytmus und verlängere gedanklich deine Wirbelsäule. Atme gedanklich durch die Wirbelsäule und schließe leicht deine Körperöffnung. Atme vom unteren Ende bis zum Kopf und stelle dir dabei vor wie eine kleine Flaschenbürste deinen Wirbelsäulen Kanal reinigt.

Komme zum Ende und Spüre nach.

Hebe einatmend ein Bein an und ziehe es Rictung Bauch-ausatmend senkst du das Bein und mit der nächsten Einatmung hebst du das andere Bein. Mache so weiter.

Hebe beide Beine zur Decke und wippe mit den Füßen.

Halte dann die Beine gewinkelt, Unterschenkel paralell zum Boden.

Lege einatmend die rechte Hand zum rechten Bein und übe leicht Druck aufs Knie, die linke Hand lässt du nach hinten über den Kopf neben deine Ohren wandern.

Ausatmend auflösen und einatmend zur anderen Seite.

Wiederhole.

Stelle beide Beine wieder an.

Überkreuze das linke Bein über das rechte.

Einatmend lässt du die Beine nach rechts fallen und den Kopf nach links. Die rechte Hand zieht das linke Bein Richtung Boden und die linke Hand liegt seitlich neben dir – dein Kopf schaut nach links.

Komme zur Mitte und strecke dich aus, spüre nach.

Baue diese Haltung zur anderen Seite auf.

Lege dann dein linken Fuß aufs rechte Knie und hebe das rechte Bein vom Boden während du deinen Oberschenkel umfasst und das rechte Bein sanft Richtung Bauch ziehst.

Komme ausgestreckt zur Mitte und spüre nach.

Wiederhole auf der anderen Seite.

Komme zur Mitte und spüre nach.

Hebe dein linkes Bein an und fasse deinen Fuß, ziehe dein Bein so heran das dein linkes Knie neben deine Hüfte kommt, Richtung Boden.

Stelle es wieder auf, spüre nach.

Hebe dein rechtes Bein und fasse den Fuß, ziehe es heran.

Stelle es auf und spüre nach.

Hebe beide Beine und fase beide Füße ziehe dich in die „Happy Baby" Position.

Strecke dich danach ganz aus und strecke alle viere von dir.

Danach überschlägst du nochmals deine Beine und verschlingst deine Arme in die Position des „liegenden Adlers"

Einatmend ziehst du die Ellenbogen Richtung Kopf und ausatmend Richtung Knie.

Löse auf und verschlinge dich zur anderen Seite.

Danach Streckst du sich aus und gehst in Gedanken den Berg wieder hinab und spürst wie deine Energie von Schritt zu Schritt zunimmt.

Spürst wie deine Atmung tiefer und tiefer wird und du voller Kraft, Mut und Selbstbewusstsein wieder in deinen Alltag zurück kommst.

Beende die Übung mit einem kurzen Körperscan in deinem Tempo und öffne deinen Augen, klopfe dich nochmal im Stehen von der Körpermitte zu den Händen und Füßen ab schüttele dich und atme tief ein und mit einem lauten SSSSSSS aus….

Namasté

November – Dezember

Dreifacher Erwärmer Meridian.

Dreifach Erwärmer (3x-Erwärmer) oder Schilddrüsen-Meridian

Der Dreifach-Erwärmer-Meridian hat die Aufgabe, Atmung Nahrung und Flüßigkeit sicherzustellen und die Körpertemperatur zu regulieren. Der Dreifach Erwärmer besteht aus drei Teilen. Obere Brennkammer ist die die Brust, mittlere Brennkammer befindet sich im Bauchraum und untere Brennkammer im Beckenraum.

Yin Meridiane verlaufen von unten nach oben von den Zehen zum Stamm und vom Stamm zu den Fingern. Yang-Meridiane verlaufen von oben nach unten von den Fingern zum Gesicht und vom Gesicht zu den Zehen.

Die Lebensenergie des Dreifach-Erwärmer-Meridian fließt von unten nach oben. Verlauf: Von den kleinfingerseitigen Nagelfalzwinkeln der

Ringfinger bis zu den äußeren Enden der Augenbrauen in einem Grübchen. Der Dreifach-Erwärmer-Meridian gehört zur Emotionsgruppe Freude. Im Volksmund kennt man das Gefühl von Freude und Zufriedenheit etwa von "es trifft ihn Mitten ins Herz, geradewegs aus dem Bauch heraus".

Funktionsstörungen zeigen sich in Infektionen, Libido-Verluste, Rückgrat-Probleme im Halsbereich, Mund-, Nase- und Augenentzündungen, Erkältungen, trockenem Mund sowie Spannungsgefühle in den Zähnen.

Kreislauf/ Sexus Meridian.

Der Perikard-Meridian auch Blut-Kreislauf-Sexus-Meridian oder auch gerne Herzkreislauf-Meridian genannt, hat die Aufgabe, das Herz gegen Hitze zu schützen sowie Kreislauf, Regelkreis, Herzkranz- und Blutgefässe zu steuern.

Yin Meridiane verlaufen von unten nach oben von den Zehen zum Stamm und vom Stamm zu den Fingern. Yang-Meridiane verlaufen von oben nach unten von den Fingern zum Gesicht und vom Gesicht zu den Zehen.

Die Lebensenergie des Perikard-Meridian fließt von oben nach unten. Verlauf: Von einer Daumenbreite neben den Brustwarzen bis zu den daumenseitigen Nagelfalzwinkeln der Mittelfinger. Der Perikard-Meridian gehört zur Emotionsgruppe Freude. Im Volksmund kennt man das Gefühl von Freude und Zufriedenheit etwa von "es trifft ihn Mitten ins Herz, geradewegs aus dem Bauch heraus".

Funktionsstörungen zeigen sich in zu hohem Blutdruck (Hypertonie), Kreislauf, Sexualität, Prostata, Infektionen der Blutwege.

Heillaut: „Chiiii"

Das zugeordnete Element ist das Feuer und die entsprechende

Farbe ist Weiß oder Indigoblau.

Geistige Kräfte und Intuition sowie die Kontrolle und Steuerung von Energien und Trieben gehören zu diesem Energiekreis.

Das zugehörige Chakra ist das Stirnchakra.

Asanas:

Pflug

Kopfstand

Vorbeuge mit hinter dem Rücken verschränkten Aemen.

Kobra

Sphinx

Schulterstand

Kamel

Mantra und Sätze:

„Ich freue mich und alle meine Körperfunktionen sind in ihrem Rhythmus, gelichmäßig und harmonisch."

„Von Minute zu Minute geht es mir besser und besser!"

„Ich erlebe Lebenslust, Freude und Harmonie in jeder Zelle meines Körpers".

Großes Lagerfeuer im sitzen genießen

Namasté

Sitze im Fersensitz, wenn das dir unbequem ist, lege ein Handtuch zwischen Unter – und Oberschenkel und ein Bolster zwischen Füße und Boden. Gehe in Gedanken zu einem Lagerfeuer oder Kaminfeuer - inmitten einer verschneiten Winterlandschaft – trotzdem ganz behaglich warm. Du hast ein kräftig lapislazuli - blaues Tuch um deine Schultern und bst durch und durch warm und bewunderst für einen Moment diese wunderbare Farbe.

Reibe beide Hände und stelle dir vor das eine warme Lichthülle deinen ganzen Körper umsptelt und warm umhüllt.

Schließe die Augen und nimm deinem Atem wahr. Mit jeder Ausatmung lässt du immer mehr Spannung aus dem Körper entweichen und gibst es dem Feuer – lässt es dem natürlichen Kreislauf des „Werde und Vergehe".

Beginne mit deiner Kopfhaut, wie ein kleiner Wind streicht es dir über den Kopf und nimmt die Spannung.

Gehe zu der Stirn, auch hier haucht der Wärmestrahl sanft über dich und nimmt all deine Spannung mit.

Mit dem Schließen der Augen bist du ganz bei Dir, in der Mitte deiner Selbst.

Alles was dich nun dort stört oder belastend ist, packst du in kleine rote Papiertüten und wirfst sie ins Feuer, das sie hinweg nimmt. Du hast in dir nun immer mehr und mehr Platz und Raum für Neues und für Entspannung und Ruhe.

„Ich freue mich und alle meine Körperfunktionen sind in ihrem Rhythmus, gelichmäßig und harmonisch."

Genieße dieses Gefühl !!

Konzentriere dich nun auf deine Atmung.

Atme tief ein und halte dann die Luft an (zähle bis 4 -5-6-7 oder 8)

Atme langsam gegen die Lippenbremse aus, wenn alle Luft aus der Lunge entwichen ist

Halte erneut die Luft an (zähle erneut bis 4-5-6-7- oder 8).

Atme wieder ein und mache 3-4- normale Atemzüge und wiederhole alles noch 2-3 Mal.

Danach lass deinen Atem kommen und gehen.

Umfasse deine Knie und richte einatmend den Rücken auf und beim ausatmen forme den Laut „CHiii" und beuge dich auf deine Knie vor.

Hebe deine Arme seitlich am Körper über den Kopf und verschränke sie mit den Handflächen nach oben, komme einatmend in eine leichte

Rückbeuge und senke ausatmend die Hände in die Gebetshaltung vors Herz.

Strecke beide Hände nach vorm und drehe die Hände so daß die Handflächen sich berühren, komme dann mit einer Drehung der Hände nach unten – einem durchtauchen und wieder Strecken der Arme – mit gestreckten nach vorne zeigenden Armen – Handflächen nach oben zeigend aus der Bewegung und strecke ausatmend nach vorn.

Komme wieder zurück indem du die Arme vor dem Körper seitlich auf Schulterhöhe lässt und wende deinen Kopf abwechseln nach links und rechts, neige den Kopf zur linken Achselhöhle und zur Rechten und beginne noch einmal von vorn.

Schließe dann die Übung „acht Bewegungsrichtungen der Wirbelsäule" an.

Im Anschluß lass im Sitz dein Becken fixiert und kreise langsam deinen Oberkörper darum.

Komme aus dem Sitz in eine tiefe Hocke, Fersen am Boden. Hebe und senke dann im Wechsel die Ferse und richte dich davon ausehend zu stehen auf.

Hebe dein rechtes Bein, Halte dein Knie vor dem Körper und dann strecke das Bein umfasse deine Fußzehe, ziehe das Knie wieder zum Körper, Fasse deinen Fuß und lege ihn über den linken Oberschenkel, beuge das linke Bein leicht und lasse das rechte knie sanft nach außen fallen, beuge dann deinen Oberkörper gerade nach vorne und halte einige Atemzüge in dieser Position aus.

Wiederhole zur anderen Seite.

Spüre nach.

Fasse deine Hände hinter deinem Rücken und beuge den Oberkörper nach vorne während du die verschränkten Hände vom Rücken löst und verweile kurz in dieser Haltung.

Richte dich wieder auf.

Hebe anschließend das linke Bein Knie zum Körper ziehen während die linke Hand gewinkelt vor dem Körper- Unterarm parallel zum Boden ist und die Rechte Hand gewinkelt mit den Fingern nach oben zeigt.

Nun strecke dein linkes Bein nach hinten, komme in eine Standwaage, Hände über dem Kopf verschlossen und nach vorne zeigend, Blick auf den Boden.

Senke aus dieser Position das hintere Bein gestreckt ab, winkele das vordere Bein an und komme in die Haltung des Kriegers I.

Beuge dich dann erst vor, seitlich mit den Unterarmen neben den Unterschenkel, löse dann die linke Hand vom Boden und schaue der Hand nach, die Hand zeigt zur Decke.

Komme nach oben in den Reverse Krieger.

Löse das vordere Rechte Bein vom Boden und ziehe es an den Körper, während die rechte Hand gewinkelt vor dem Körper- Unterarm parallel zum Boden ist und die linke Hand gewinkelt mit den Fingern nach oben zeigt.

Nun strecke dein rechtes Bein nach hinten, komme in eine Standwaage, Hände über dem Kopf verschlossen und nach vorne zeigend, Blick auf den Boden.

Senke aus dieser Position das hintere Bein gestreckt ab, winkele das vordere Bein an und komme in die Haltung des Kriegers I.

Beuge dich dann erst vor, seitlich mit den Unterarmen neben den Unterschenkel, löse dann die rechte Hand vom Boden und schaue der Hand nach, die Hand zeigt zur Decke.

Komme nach oben in den Reverse Krieger.

Schließe beide Beine, Füße zusammen im Stand. Verschränke die Hände hinter dem Rücken, komme in eine Vorbeuge und löse deine Hände hinter dem Rücken vom Körper, verweile.

Komme über den herabschauenden Hund und die Kobra in die Bauchlage.

(Wenn keine Kontraindikationen wie Bluthochdruck, Herzerkrankung oder Wirbelsäulensyndrome oder Rheuma/Osteoporose bestehen, darfst du gern den Herabschauenden Hund Kopfstand probieren bevor du in die Kobra absenkst).

Unterarme liegen am Boden, Blick zum Boden, hebe einatmend sanft den Oberkörper und verlängere deine Brustwirbelsäle, halte, hebe dann den Blick und lege deinen Kopf in den Nacken. Senke ausatmend, und so weiter in deinem Rhythmus.

Bleibe in der Bauchlage.

Der rechte Arm liegt im 90 Grad Winkel seitlich abgespreizt während du den Kopf nach links drehst und am Boden ablegst. Nun hebst du dein linkes Bein und drehst es über oben Richtung rechts, hebst zum Schluß den linken Arm seitlich über oben und hältst diese Seitdehnung aus.

Seitenwechsel.

Spüre nach

Danach drehe ich in die Rückenlage.

Beine sind angestellt, Knie zeigen zur Decke Füße dicht am Po.

Komme in eine Beckenschaukel.

Schließe dabei leicht deine Körperöffnungen und stelle dir vor, dein Atem fließt entlang der Wirbelsäule, im Wirbelkanal.

Einatmend nach oben und ausatmend nach unten. Als ob du mit einer Flaschenbürste deinen feinen Nervenkanal säuberst und gib alles was alt und verbraucht ist an das Feuer ; reinige dich innerlich und fülle dich mit Energie.

„Ich erlebe Lebenslust, Freude und Harmonie in jeder Zelle meines Körpers".

Lege dann deine rechte Hand ans rechte Knie und baue leichten Druck auf und halte für einige Atemzüge, löse und spüre nach.

Wiederhole mit der linken Hand am linken Knie.

Wiederhole einige Male in deinem Tempo, ändere die Variante (Linke Hand ans rechte Knie u.u).

Hebe dann dein rechtes Bein und ziehe es sanft Richtung Oberkörper, spüre die Dehnung im Bein und Halte.

Wiederhole mit dem linken Bein.

Lege deinen rechten Fuß übers linke Knie und umfasse deinen linken Oberschenkel mit beiden Händen, ziehe dann die Beine Richtung Oberkörper und halte die Dehnung.

Wiederhole auf der Gegenseite.

Komme zurück in die Ausgangsposition und breite die Arme seitlich im 90 Grad Winkel am Boden aus.

Überschlage die Beine mit dem rechten Bein über das linke, lasse die Beine nach links sinken während der Kopf nach rechts schaut, ziehe mit der linken Hand sanft am rechten Oberschenkel.

Wiederhole auf der Gegenseite.

(Wenn keine Gegenanzeigen bestehen, darfst du gerne über „Rolling like a Ball" in den Pflug oder den Schulterstand kommen).

Verweile im Bewusstsein:

„Ich freue mich und alle meine Körperfunktionen sind in ihrem Rhythmus, gelichmäßig und harmonisch."

„Von Minute zu Minute geht es mir besser und besser!"

„Ich erlebe Lebenslust, Freude und Harmonie in jeder Zelle meines Körpers".

Komme dann in die Rückenlage mit ausgestreckten Beinen und Arme liegen neben deinem Körper – Handflächen zeigen nach oben.

Gehe in Gedanken zurück zu deinem Feuer und genieße die Wärme und Freude.

Bleibe bei deinem inneren Bild und gehe selbstständig einmal durch deinen gesamten Körper. Überall wo du noch Spannung, Schmerz oder Unbehagen spürst, packe symbolisch eine Kiste und werfe sie ins Feuer.

In Gedanken bleibe bei deinen Sätzen:

„Ich freue mich und alle meine Körperfunktionen sind in ihrem Rhythmus, gelichmäßig und harmonisch."

„Von Minute zu Minute geht es mir besser und besser!"

„Ich erlebe Lebenslust, Freude und Harmonie in jeder Zelle meines Körpers".

Atme zum Abschluss beim Heben des Kopfes aus der Rückenlage jeweils 5x kurz hintereinander ein und beim Absenken des Kopfes wieder 5x kurz hintereinander aus. Wiederhole – wenn du es schaffst- 10x.

Genieße die Kraft!.

Namasté

AUTORENINFORMATION

Informationen, Kontakt und Bezugsquellen von Materialien:

SABINE PITSCHULA
KUNSTTHERAPEUTIN
REHASPORTLEHRERIN

Tel. 0176 53566691

Merlin2138@googlemail.com

Sabine Pitschula; *1967;
Beruf Kunsttherapeutin/ Rehasport und Pilates- Lehrerin in Kran-
kenhäusern und Physiotherapie Praxen.

Ich leide seit 2009/2010 an zunehmenden gesundheitlichen Beschwerden wie sich nach einer langen Diagnostik und zermürben-
den Operationen herausstellte, an einer genetischen Muskelerkra-
kung sowie einer systemischen Mastzellen Überaktivierung (indo-
lente systemische Mastozytose), die mir die Ausübung von Beruf
und Hobby teilweise unmöglich machten.

2016 erhielt ich nach einer Operation- wo das Brustbein geöffnet
wurde und dort ein bis dahin als bösartige Krebserkrankung vermu-
teter Tumor der Thymusdrüse entnommen wurde, dann endlich
eine Diagnose. Ein Leben lang mit Symptomen und Beschwerden
die nie ernst genommen wurden und mich phasenweise zum Ge-
spött von Mitschülern oder in der Familie zum „schwarzen Schaf"
machte hatte damit ein Ende.

Endlich konnten Therapie Maßnahmen getroffen werden und ein
jahrelanger Leidensweg mit Fehldiagnosen und Falschbehandlun-
gen sowie Stigmatisierungen als Hypochonder waren damit been-
det. Das Vertrauen in Ärzte und Menschen (vor allem die eigene Familie) war aber aufgrund des zu oft vermittelten Gefühl, des „im
Stich gelassen Werden" - nachhaltig zerrüttet.

Yoga, Shiatsu und Qui Gong hat mich durch alle Höhen und Tiefen
begleitet, getragen und mir nach der Operation halb gelähmt im
Liegen geholfen, sowie in guten Zeiten Kraft und Hoffnung gegeben
und auch ein Verbundenheitsgefühl zu anderen Menschen wieder-

gegeben. Daraus ist dann vor dem Hintergrund meiner Langjährigen Erfahrung in der Arbeit mit Patienten und dem Wissen was ich während dieser Zeit gesammelt habe, dieses Buch entstanden.

Hilfreiche Kleingeräte zum Verbessern von Schmerz oder Sicherstellen von Training mit Handicap:

https://www.togu.de/Shop/?af=6100

https://shop.maxxus.de/vibrationsplatten.html

Zeitfracht Medien GmbH
Ferdinand-Jühlke-Straße 7
99095 Erfurt, Deutschland
produktsicherheit@kolibri360.de